Werner Gitt

Questions qui reviennent toujours

clv

Christliche
Literatur-Verbreitung e.V.
Postfach 11 01 35 · 33661 Bielefeld

L'auteur:

Werner Gitt est né en 1937 à Raineck, en Prusse orientale. De 1963 à 1968, il a étudié à l'Ecole Technique Supérieure de Hanovre et y a obtenu son diplôme d'ingénieur. De 1968 à 1971, il a été maître-assistant à l'Institut des techniques de régulation de l'Ecole Technique Supérieure d'Aix-la-Chapelle. Après deux années de recherches, il a obtenu son doctorat. Depuis 1971, il dirige le service du traitement de l'information à l'Institut National de Physique de Braunschweig, dont il fut nommé directeur et professeur en 1978. Il s'est beaucoup intéressé aux questions scientifiques en rapport avec l'informatique, les mathématiques numériques et les techniques de régulation. Il a publié de nombreux articles dans les revues scientifiques concernées. En 1966 il a épousé Marion. Deux enfants sont nés de cette union: Carsten en septembre 1967 et Rona en avril 1969.

1ère édition française 1992
2ème édition française 1996
3ème édition française 2001
4ème édition française 2006

Original d'Allemagne:
Werner Gitt, *Fragen, die immer wieder gestellt werden*

Christliche Literatur-Verbreitung
B.P. 110135
D-33661 Bielefeld
Traduction d'Antoine Doriath
Couverture: Gerhard Thiessen, Bielefeld
Composition: CLV
Impression et reliure: Ebner & Spiegel, Ulm

ISBN-10: 3-89397-197-1
ISBN-13: 978-3-89397-197-8

Sommaire

Introduction 11
Préface à la troisième édition 14

A.Questions relatives à Dieu **15**
QA1: Comment sait-on qu'il y a un Dieu? 15
QA2: Où est Dieu? 15
QA3: Que signifie le mot «Dieu»? 16
QA4: Pourquoi ne peut-on pas voir Dieu? 17
QA5: Comment concilier la notion d'un Dieu d'amour avec tant de détresse sur terre? Pourquoi Dieu permet-il la souffrance? 18
QA6: La responsabilité de tout le mal n'incombe-t-elle pas à Dieu? 19
QA7: Dans l'Ancien Testament, Dieu fait exterminer des peuples entiers par la guerre; or, dans le Nouveau Testament, il est écrit: «Aimez vos ennemis.» Le Dieu de l'Ancien Testament est-il différent de celui du Nouveau Testament? 20
QA8: Dieu a-t-il créé le mal? 21
QA9: Dieu peut-il encore apprendre? 22
QA10: Jésus a-t-il vraiment existé? Est-il le Fils de Dieu? 23
QA11: Quelle est la relation entre Dieu et Jésus? Forment-ils une seule personne? L'un occupe-t-il un rang plus élevé que l'autre? A qui devons-nous adresser nos prières? 25

B.Questions relatives à la Bible **29**
QB1: La Bible a été écrite par des hommes. Il faut donc relativiser son contenu. Comment pouvez-vous affirmer qu'elle est la Parole de Dieu et que tout ce qu'elle dit est vrai? 29

QB2: Comment puis-je savoir que la Bible dit vrai? 32
QB3: Qu'est-ce qui différencie la Bible de tous les écrits humains? 33
QB4: Existe-t-il d'autres messages qui puissent compléter la Bible? Dieu n'est-il pas au-dessus de l'Ecriture pour pouvoir s'adresser directement à quelqu'un? 37
QB5: Que penser du «code de la Bible» de *M. Drosnin*? 39

C.Questions relatives à la création, la science et la foi 43
QC1: Existe-t-il une continuité entre la matière inerte et les organismes vivants? 43
QC2: Quel est l'âge de la terre et de l'univers? Existe-t-il une méthode scientifique permettant de dater l'origine de la terre? Que penser du procédé de datation par le carbone 14? 45
QC3: Comment se fait-il que pour un univers jeune, la lumière venant d'objets situés à des millions d'années-lumière ait pu atteindre la terre? Ne vaudrait-il pas mieux accepter un âge qui corresponde au moins au temps mis par un rayon lumineux déjà en route pour nous parvenir? 48
QC4: Que pensait Darwin de Dieu? 51
QC5: Dans le sport de haut niveau, les athlètes améliorent sans cesse leurs performances. N'est-ce pas une preuve de l'évolution? 52
QC6: Peut-on prendre au sérieux les données scientifiques de la Bible, sachant que celle-ci se sert de vieilles représentations du monde, qui sont dépassées depuis longtemps? 54
QC7: Que peut-on dire de la structure de l'univers? 55
QC8: Quelle était la durée d'un jour de la création? 57
QC9: Les deux récits de la création se contredisent-ils? 59

QC10: Les dinosaures sont-ils entrés dans l'arche? 61
QC11: Qui les fils d'Adam ont-ils épousé? 62
QC12: A votre avis, quel est l'argument scientifique qui parle le plus en faveur du créationnisme et qui, par conséquent, s'oppose le plus à la théorie évolutionniste? 63

D. Questions relatives au salut **69**
QD1: Comment est-on sauvé: par la foi ou par les oeuvres? 69
QD2: Pourquoi Dieu a-t-il choisi la croix pour sauver l'humanité? Ne peut-on pas concevoir d'autres moyens de salut? 70
QD3: Comment Jésus a-t-il pu mourir il y a près de 2000 ans pour les péchés que nous commettons aujourd'hui? 72
QD4: N'aurait-il pas été plus rentable que Jésus souffre seulement pour les péchés de ceux qui demanderaient pardon plutôt que pour les péchés du monde entier? 73
QD5: En raison de la mort expiatoire de Jésus-Christ, Dieu offre le pardon des péchés à tous les hommes. Pourquoi ne décrète-t-il pas une amnistie générale? 75
QD6: Je pense, pour ma part, que les hommes auront encore une possibilité de salut après leur mort. La grâce de Dieu n'est-elle pas plus grande que ce que vous en avez dit? 76
QD7: Quel est le sort des enfants morts en bas âge avant d'avoir pu se décider pour Christ d'une manière responsable? Qu'en est-il des embryons et des malades mentaux? Sont-ils perdus? 84
QD8: Judas n'était-il pas prédestiné à trahir Jésus pour que le salut soit possible? 86
QD9: Puis-je encore mettre un enfant au monde, sachant qu'il a une chance sur deux d'être perdu? 87

QD10: Dans la Bible, il est question de l'élection. Si, de toute éternité, les uns sont destinés au salut, les autres à la perdition, peut-on parler encore de libre arbitre? 89
QD11: Pouvez-vous me donner des arguments scientifiques prouvant l'existence de l'enfer? 92

E.Questions relatives aux religions 95
QE1: Il existe beaucoup de religions; il est impensable que toutes soient fausses. N'est-il pas prétentieux d'affirmer que seul le christianisme conduit à la vie éternelle? 95
QE2: Les chrétiens et les musulmans ne prient-ils pas le même Dieu? 97
QE3: Comment puis-je savoir que l'évangile n'est pas une religion inventée par l'homme, mais une révélation divine? 99

F.Questions relatives à la vie et à la foi 101
QF1: Pourquoi sommes-nous sur terre? 101
QF2: Quel est le sens de la vie? 101
QF3: Comment intégrer ma foi dans la vie quotidienne? 104
QF4: Je fais souvent les mêmes rêves qui me troublent. Ont-ils quelque chose à m'enseigner? 109
QF5: Qu'est-ce que le péché? 111
QF6: D'après la Bible, un homme et une femme peuvent-ils vivre ensemble sans être mariés? Qu'est-ce qui fait le mariage: la décision des partenaires de vivre ensemble? Le premier rapport sexuel? La cérémonie civile ou religieuse? 112
QF7: Croire, ce n'est ni «voir» ni «savoir» avec une certitude absolue. Comment pouvez-vous alors affirmer que la foi est une certitude? 118
QF8: La nouvelle naissance appelle-t-elle nécessairement un signe extérieur? 119

QF9: Vous vous adressez à nous comme si Dieu lui-même vous avait envoyé vers nous. Que répondez-vous? 120
QF10: Que pensez-vous de la génétique? 121
QF11: Quelle a été l'attitude de Jésus à l'égard des mouches et des taons? Les a-t-il écrasés? 123

G.Questions relatives à la mort et à l'éternité 127
QG1: Y a-t-il une vie après la mort? 127
QG2: Qu'est-ce que la vie éternelle? Comment se la représenter? 127
QG3: Quand la vie éternelle commence-t-elle? 129
QG4: Comment peut-on imaginer le ciel? 129

Appendice 133

Compléments concernant la Bible 135

I.Thèses fondamentales 135
I.1 L'origine de la Bible 135
I.2 La véracité de la Bible 137
I.3 Les preuves de la véracité biblique 138
I.4 Les grands thèmes de la Bible 140
I.5 Les affirmations de la Bible 142
I.6 La valeur des affirmations bibliques 150
I.7 L'intelligibilité de la Bible 152
I.8 L'exactitude des affirmations bibliques 153
I.9 L'actualité des affirmations bibliques 155
I.10 Pour comprendre la Bible: se convertir à Jésus-Christ 156
I.11 Remarque finale 163

II. L'interprétation de la Bible 164

III. Pourquoi lire la Bible 167

IV. Comment lire la Bible 170

V. Dix promesses pour celui qui lit la Bible et la met en pratique 172

Lettre ouverte à l'auteur 175

Témoignage personnel de l'auteur 179

Table des livres de la Bible et des abréviations qui les désignent 190

Introduction

L'idée de ce livre: L'idée d'écrire ce livre est venue à l'esprit de l'auteur pendant une série de réunions d'évangélisation qu'il tenait dans le cadre très particulier d'un magasin de mode. En effet, *Harro Mülhäuser*, propriétaire du magasin du même nom à Munich, avait mis à disposition le premier étage de son magasin pour des réunions d'évangélisation tenues chaque soir de la semaine. Il fallait donc chaque soir: décrocher les vêtements, ranger les portemanteaux, disposer 250 chaises, annoncer l'évangile, ranger les chaises, remettre les portemanteaux pour que le personnel puisse dès le lendemain matin y suspendre les vêtements. Il n'y eut pas assez de chaises, mais la moquette du sol et les marches d'escalier étaient suffisamment confortables pour que de nombreux auditeurs acceptent de les utiliser comme sièges d'appoint! 350 personnes prirent ainsi place dans la salle. Le magasin était particulièrement bien situé dans la zone piétonne, à quelques pas de l'Hôtel de ville et de la Frauenkirche, et une très grande partie du public n'avait aucun lien avec les milieux chrétiens. Après l'exposé, l'assistance avait la possibilité de poser des questions dont la plupart ont été reprises dans ce livre. Elles témoignent manifestement d'un besoin d'éclaircissement préalable à toute profession de foi.

La nature des questions: Cet ouvrage comporte donc un grand nombre de questions posées à l'auteur lors de sa campagne d'évangélisation à Munich. Mais il en contient aussi d'autres qui lui ont été soumises lors de réunions organisées ailleurs. De plus, W. Gitt préside chaque année le moment réservé aux questions, lors de la grande rencontre de jeunesse à Ahlden. A cette occasion, de nombreux problèmes sont soulevés par les jeunes. Toutes les questions dans ce livre ont été réellement posées. L'ouvrage ne répond donc pas à un assortiment de questions sur la Bible n'intéressant que des «initiés». Non, l'auteur a eu en face de lui des sceptiques et des chercheurs qui lui ont fait part de leurs doutes et de leur embarras. Accessoirement, il s'attaque aussi à quelques points particuliers qu'il a estimé devoir aborder dans le cadre de cet ouvrage.

Méthode suivie: Les Grecs de l'Antiquité avaient développé une logique qui a fait ses preuves dans les sciences exactes; aussi était-il tentant de l'appliquer à d'autres domaines. La Renaissance a été marquée par cet esprit qui, il faut le reconnaître, a finalement favorisé le développement de la critique à l'encontre des vérités bibliques. Si les questions dont traite le présent livre avaient été uniquement de nature mathématique, on aurait pu faire usage de la logique mathématique. Mais le plus souvent, elles concernent des sujets existentiels qui échappent à un traitement purement logique. La philosophie ne peut pas nous être d'un grand secours non plus. Comme l'a déclaré le philosophe *Hans Lenk*, de Karlsruhe:

> «La philosophie fournit rarement des solutions définitives; elle a pour champ d'action l'étude des problèmes, non celle de la matière ou des résultats. Pour elle, il est plus important de soulever un nouveau problème que de répondre, même partiellement, à une question déjà posée.»

Dieu veut et peut nous conduire dans toute la vérité, aussi bien dans le domaine de la pensée que dans celui de l'action et de la foi. C'est pourquoi la référence ultime et absolue à laquelle nous nous rapportons est la Parole de Dieu, transmise sous la forme des Saintes Ecritures. Aucun témoignage humain ne peut remplacer cette source unique. Comme toutes les questions y puisent leurs réponses, le livre se termine par un appendice détaillé consacré à la Bible: sa nature, sa formation, ses affirmations, son importance. C'est le seul endroit du livre où le lecteur trouvera des affirmations systématiques; celles-ci lui sont indispensables s'il veut poursuivre ses recherches dans la Bible.

Par manque de place, les réponses n'ont pas toujours le développement qu'elles mériteraient. Le sujet n'est donc pas épuisé dans les quelques lignes qui lui sont consacrées. Compte tenu du nombre de questions, il a fallu faire un tri arbitraire et ne garder que celles qui sont d'un intérêt général. Les problèmes sont parfois si proches que les réponses se recoupent. Pour des raisons de clarté, les questions sont regroupées par thèmes. Certaines trouvent une réponse biblique directe sous la forme d'un verset approprié. D'autres nécessitent le rapprochement de différents textes, et les conclusions qu'on pourra tirer dépendent en grande partie de la connaissance que l'on a de la Bible et de l'aptitude à adapter les réponses bibliques à des situations données.Là intervient naturellement la subjectivité de l'auteur. En général, les questions «Pourquoi?» n'obtiennent pas de réponse satisfaisante. Elles n'en recevront une que le jour où la foi sera changée en vue.

Remerciements: Je dois beaucoup à ma femme qui m'a fait part de ses sages critiques lors de la lecture du manuscrit et qui a patiemment saisi le texte sur notre ordinateur familial.

Notre prière est que le lecteur puisse trouver dans ces pages les réponses aux questions qu'il se pose sur l'existence et la foi.

Préface à la troisième édition

En tant qu'auteur, je me réjouis évidemment de ce que ce livre en soit à sa troisième édition française (quinzième en allemand). Des améliorations ont été apportées au contenu qui a également été augmenté. Le livre est actuellement traduit en quatorze langues. L'ouvrage allemand a pris la même image de couverture que les traductions en différentes langues. Le livre a trouvé de nombreux amis en Allemagne et en dehors de ses frontières. Au fil des ans, j'ai reçu un courrier abondant qui m'a encouragé et m'a rempli de reconnaissance pour le Seigneur. Plusieurs lecteurs sont venus au Seigneur par la lecture de ce livret, ou ont progressé dans leur vie chrétienne grâce à lui. Parmi les nombreuses lettres reçues, je me suis permis d'en citer une, avec la permission de son auteur. Elle est reproduite pp. 175-177. Puisse cette nouvelle édition augmentée être en bénédiction à beaucoup d'autres!

Werner Gitt
Mars 1998

A. Questions relatives à Dieu

QA. 1: *Comment sait-on qu'il y a un Dieu?*

Il n'existe sur terre pratiquement aucune nation ou tribu qui n'admette, sous une forme ou une autre, l'existence d'un Dieu, d'un esprit ou d'un être suprême. Même les peuplades les plus primitives et les plus isolées, qui n'ont jamais eu de contact avec d'autres civilisations ou avec l'évangile, croient en un dieu. Comment expliquer ce fait? Nous avons tous la faculté mentale de partir des merveilles de la création visible pour aboutir au Créateur invisible. Qui pourrait croire qu'une auto, une montre ou même un bouton ou le simple trombone se soient faits tout seuls? C'est pourquoi l'apôtre Paul déclare: «En effet, depuis que Dieu a créé le monde, ses qualités invisibles, c'est-à-dire sa puissance éternelle et sa nature divine, se voient dans les oeuvres qu'il a faites. C'est là que les hommes peuvent les connaître, de sorte qu'ils sont sans excuse» (Rm 1:20). Mais le livre merveilleux de la Nature ne nous parle que de l'existence de Dieu et de certains de ses attributs, à savoir sa toute-puissance et son intelligence sans limite. Il ne nous dit presque rien des autres qualités de son auteur, telle que son amour, sa compassion, sa bonté. Pour en savoir plus sur le Créateur, nous avons besoin d'un autre livre: la Bible.

QA.2: *Où est Dieu?*

Notre façon humaine de penser nous pousse à localiser Dieu. C'est pourquoi les mythologies païennes de l'Antiquité et les religions païennes d'aujourd'hui assignent aux divinités des lieux particuliers. Les Grecs croyaient que leurs dieux demeuraient sur le mont Olympe et les Germains les localisaient dans le Walhalla. On prête au physicien français *Laplace* ces mots: «J'ai sondé l'univers, mais je n'ai jamais rencontré Dieu.» Ces paroles ont été reprises par un cosmonaute soviétique: «Lors de mes révolutions autour de la terre, je n'ai jamais rencontré Dieu» (*Nicolaïev* en 1962 à bord du vaisseau spatial Vostok III). D'après la Bible, toutes ces affirmations sont foncièrement erronées, car Dieu échappe à toute localisation. Lui, qui a créé l'espace, ne peut en être une partie. Il remplit chaque recoin de l'univers; il est omniprésent. C'est ce que Paul déclare aux païens d'Athènes: «En lui nous avons la vie, nous pouvons nous mouvoir et nous sommes» (Ac 17:28). Le psalmiste affirme la même réalité lorsqu'il s'écrie: «Tu es derrière moi, devant aussi, tu poses ta main sur moi ... Où pourrais-je aller loin de toi? Où fuir loin de ta présence? Si je monte au ciel, tu es là; si je me couche parmi les morts, t'y voici. Si je m'envole jusqu'au soleil levant, ou si je vais m'établir jusqu'au soleil couchant, même là ta main me saisit» (Ps 139:5,7-9). Quel témoignage éloquent rendu à l'omniprésence de Dieu! Le concept mathématique d'espaces pluridimensionnels (le nôtre a trois dimensions) peut nous aider à répondre à la question: «Où est Dieu?» L'espace à n dimensions n'est qu'un sous-ensemble de l'espace à $(n+1)$ dimensions. Ainsi, l'espace à quatre dimensions ne peut se représenter dans l'espace à trois dimensions, mais il l'englobe totalement. La Bible témoigne de cette vérité lorsqu'elle dit: «Mais Dieu pourrait-il vraiment habiter sur la terre? Le ciel, malgré son immensité, ne peut déjà pas le contenir!» (1 R 8:27)

QA. 3: *Que signifie le mot «Dieu»?*

Le mot «Dieu» n'est pas un acronyme; il n'est pas formé par la première lettre de plusieurs mots, comme l'est le mot OVNI (Objet Volant Non Identifié). Dieu s'est fait connaître aux hommes par des noms qui décrivent sa nature. Voici quelques-uns de ses noms, avec la référence de leur première mention dans la Bible:

Elohim (Gn 1:1): un nom pluriel avec un verbe au singulier; il est traduit par «Dieu»; il évoque la Trinité: Père, Fils et Saint-Esprit.
Eloah: Ce nom se trouve 41 fois dans le livre de Job; c'est la forme singulière de Elohim. Il est traduit par «Dieu».
El (Gn 33:20): il signifie «Dieu tout-puissant».
El-Olam (Gn 21:33): «Dieu éternel».
El-Shaddaï (Gn 17:1): «Dieu tout-puissant».
El-Roï (Gn 16:13): «Dieu qui me voit».
Yahweh (Gn 2:4, d'après Ex 3:15): «Je Suis».
Yahweh-Rapheka (Ex 15:26): «Yahweh ton médecin».
Yahweh-Nissi (Ex 17:15): «Yahweh mon étendard».
Yahweh-Jireh (Gn 22:13-14): «Yahweh pourvoira».
Yahweh-Shalom (Jg 6:24): «Yahweh donne la paix».
Yahweh-Sidkenu (Jé 23:6): «Yahweh est notre justicier».
Yahweh-Shammah (Ez 48:35): «Yahweh est là».
Yahweh-Roï (Ps 23:1): «Yahweh est mon berger».
Yahweh-Sebaoth: «Dieu des armées».
Adonaï (Gn 15:2): «mon Seigneur» (134 fois dans l'Ancien Testament).

QA. 4: *Pourquoi ne peut-on pas voir Dieu?*

Adam et Eve, les premiers êtres créés par Dieu, vivaient dans une communion si étroite avec lui, qu'ils pouvaient le contempler face à face. Par sa chute, l'homme s'est éloigné de Dieu qui, en raison de sa sainteté, hait tout péché. Ainsi prit fin la douce communion de la créature avec son créateur. «Dieu habite une lumière dont personne ne peut s'approcher» (1 Tm 6:16); c'est pourquoi nous ne pourrons de nouveau voir Dieu qu'après la mort, lorsque nous entrerons dans la maison du Père. Jésus est le seul chemin qui y conduit: «Nul ne vient au Père que par moi» (Jn 14:6).

QA. 5: *Comment concilier la notion d'un Dieu d'amour avec tant de détresse sur cette terre? Pourquoi Dieu permet-il la souffrance?*

Avant la chute, il n'y avait ni mort ni peine, ni souffrance ni rien de ce qui nous afflige aujourd'hui. Dieu avait disposé toutes choses pour que l'homme puisse mener une vie parfaite. Mais l'homme a choisi délibérément de suivre ses propres voies qui l'ont éloigné de Dieu. Nous ne savons pas pourquoi Dieu a accordé une telle liberté à l'homme. En revanche, nous constatons que celui qui se détourne de Dieu sombre dans la misère. Ceci est confirmé jour après jour. Beaucoup sont enclins à rendre Dieu responsable de cet état de choses. Pourtant, la faute n'incombe pas à Dieu, mais à l'homme. Imaginons que vous rouliez à vive allure, de nuit, sur une autoroute. Vous décidez alors de votre plein gré d'éteindre vos phares. Pourriez-vous accuser le constructeur automobile si votre décision entraînait un accident? Le constructeur a équipé le véhicule de tous les moyens pour rouler de nuit et a fourni toutes les indications nécessaires pour vous permettre d'éclairer votre chemin. Si l'utilisateur refuse de se servir de l'éclairage, il en porte seul la responsabilité. «Dieu est lumière» (1 Jn 1:5); si nous prenons le parti de vivre dans les ténèbres loin de Dieu, ne le lui reprochons pas, car il nous a créés pour vivre dans sa proximité. Dieu est et reste un Dieu d'amour; il l'a démontré en accomplissant une œuvre inimaginable: il a donné son Fils unique pour nous arracher à la situation désespérée dans laquelle nous nous étions mis nous-mêmes. Jésus a dit en parlant de lui-même:« Le plus grand amour que quelqu'un puisse montrer, c'est de donner sa vie pour ses amis» (Jn 15:13). Existe-t-il amour plus grand? Jamais une œuvre comparable au sacrifice du Calvaire n'a été accomplie en faveur de l'homme; la croix est bien le point culminant de l'amour divin.

Que nous soyons croyants ou non, nous vivons tous dans un monde déchu; la souffrance sous toutes ses formes connues en fait partie intégrante. Nous n'avons aucune explication à la souffrance qui frappe l'individu. Pourquoi telle personne est-elle épargnée par la maladie, alors que telle autre est atteinte d'un mal implacable et souffre cruellement? Il arrive même souvent que l'homme pieux soit davantage éprouvé que l'incroyant. Le psalmiste l'avait déjà constaté:

> «J'ai vu en effet ceux qui ont renié Dieu, j'ai vu que tout leur réussit, et j'ai envié ces insolents. Ces gens-là n'ont jamais d'ennuis, ils sont gros et gras, ils ne connaissent pas la peine des hommes; les coups durs sont pour les autres, pas pour eux» (Ps 73:3-5).

Mais il finit aussi par comprendre le sens de sa détresse personnelle: elle n'est pas la sanction infligée en raison d'un péché particulier. Il ne conteste pas avec Dieu; au contraire, il s'accroche davantage à lui:

> «Pourtant je suis toujours avec toi. Tu m'as saisi la main droite, tu me conduis selon ton plan, ensuite tu me prendras dans ta gloire ... Mon corps peut s'épuiser, mon cœur aussi, mais mon appui, mon bien le plus personnel, c'est toi, Dieu, pour toujours» (Ps 73:23-24, 26).

QA. 6: *La responsabilité de tout le mal n'incombe-t-elle pas à Dieu?*

Quand, après la chute, Dieu demanda des comptes à Adam, celui-ci se retourna contre Eve: «C'est la femme que tu m'as donnée pour compagne; c'est elle qui m'a donné ce fruit, et j'en ai mangé» (Gn 3:12). Quand Dieu interrogea la femme, celle-ci mit en cause le serpent: «Le serpent m'a trompée, et j'ai mangé du fruit» (Gn3:13). Placés en face de nos fautes, nous avons toujours tendance à nous disculper et à rendre Dieu responsable de tout. Mais voilà que se produit l'inimaginable: en Jésus, Dieu se charge de tous nos péchés. «Le Christ était sans péché, mais Dieu l'a chargé de notre péché» (2 Co 5:21). La sanction prononcée par Dieu contre les péchés du monde tombe sur le Fils de Dieu. Il est frappé de plein fouet par la malédiction divine: pendant trois heures, le pays est enveloppé de ténèbres, le crucifié est réellement abandonné de Dieu. «Le Christ s'est livré lui-même pour nous sauver de nos péchés» (Ga 1:4).Tel est le manifeste de l'amour de Dieu. Il n'existe pas de meilleure nouvelle que celle de l'évangile.

QA. 7: *Dans l'Ancien Testament, Dieu fait exterminer des peuples entiers par la guerre; or, dans le Nouveau Testament il est écrit: «Aimez vos ennemis.» Le Dieu de l'Ancien Testament est-il différent de celui du Nouveau Testament?*

De nombreuses personnes pensent que le Dieu de l'Ancien Testament est un Dieu de colère et un Dieu vengeur tandis que celui du Nouveau Testament est un Dieu d'amour. On peut facilement démontrer la fausseté d'une telle conception. Il est en effet écrit dans l'Ancien Testament: «Et je lui ai dit à mon tour: Je t'aime depuis toujours, c'est pourquoi je te reste profondément attaché» (Jé 31:3), alors que le NT affirme: «Il est terrible de tomber dans les mains du Dieu vivant!» (Hé 10:31). Dieu est tout à la fois le Dieu courroucé contre le péché et le Dieu compatissant à l'égard de celui qui se repent. L'Ancien Testament et le NT rendent tous deux ce témoignage à Dieu, car Dieu est toujours le même. «Dieu ne change pas et ne produit pas d'obscurité par des variations de position» (Jc 1:17). Il en est de même du Fils de Dieu: «Jésus-Christ est le même hier, aujourd'hui et pour toujours» (Hé 13:8).

La Bible fourmille d'exemples où Dieu châtie les hommes pécheurs et protège les siens. Lors du déluge, l'humanité tout entière fut engloutie dans les flots; seules huit personnes furent épargnées. Il en sera de même lors du Jugement final: la grande majorité des hommes sera condamnée parce qu'elle aura emprunté le chemin large de la perdition (Mt 7:13-14). Dieu avait donné à son peuple la possession de la terre promise, mais dans la traversée du désert, les Amalécites attaquèrent les arrières du peuple. Dans Dt 25:17-19, Moïse prophétise l'extermination des Amalécites; plus tard, sur l'ordre de Dieu, le roi Saül met cette menace à exécution (1 S 15:3). A l'époque du Nouveau Testament, Dieu frappe Ananias et Saphira parce qu'ils n'ont pas dit toute la vérité (Ac 5:1-11). Ces exemples nous montrent que Dieu prend chaque péché beaucoup plus au sérieux que nous le faisons. A cet égard, Dieu n'a pas changé. Il continue de haïr tout péché et jugera tout méfait. Il pourrait aujourd'hui anéantir des peuples entiers, en particulier les Allemands qui ont gravement péché contre lui en ayant conçu et mis à exécution le vaste programme d'extermination du peuple d'Israël. Le partage de l'Allemagne en deux durant 40 ans et la perte de territoires orientaux ont manifestement été le jugement de Dieu contre cette nation. Dieu aurait pu détruire la nation tout entière, mais il ne l'a pas fait, à cause de son immense compassion et peut-être aussi à cause des croyants parmi le peuple allemand. Sodome et Gomorrhe n'auraient pas été englouties sous une pluie de feu s'il s'était trouvé au moins dix justes en leur sein (Gn 18:32). Si le jugement n'intervient pas immédiatement, c'est en raison de la grâce de Dieu. Mais le jour vient où chacun devra rendre compte pour lui-même, le chrétien (2 Co 5:10) comme l'incroyant (Hé9:27; Ap 20:11-15).

QA. 8: *Dieu a-t-il créé le mal?*

La Bible affirme clairement: «Dieu est lumière et il n'y a aucune obscurité en lui»(1 Jn 1:5). Dieu est absolument pur et parfait (Mt 5:48); les anges proclament sa perfection: «Saint, saint, saint est le Seigneur de l'univers!» (Es6:3). Il est «le créateur des lumières célestes» (Jc 1:17). Il est donc exclu que le mal puisse trouver son origine en Dieu. La Bible associe l'apparition du mal à la chute de Satan qui était un chérubin, un ange de lumière, et qui a voulu devenir «l'égal du Dieu Très-Haut» (Es 14:14). Le prophète Ezéchiel décrit son orgueil et sa chute:

> «Tu as eu une conduite irréprochable depuis le jour où tu as été créé jusqu'à ce que le mal apparaisse en toi. Le développement de ton commerce t'a entraîné à la violence et à l'injustice. C'est pourquoi je te réduis au rang du commun des mortels en te chassant de ma montagne. Le chérubin protecteur t'a expulsé loin des pierres étincelantes. Ton prestige t'a gonflé d'orgueil et l'éclat de ta réussite t'a fait perdre la tête. C'est pourquoi je te jette à terre ...» (Ez 28:15ss).

En succombant à la tentation, le premier couple humain s'est asservi au péché. Le mal s'est ainsi frayé une entrée dans l'univers créé par Dieu. Il est évident que Satan a réussi de la sorte à exercer son emprise sur ce monde. «Car nous n'avons pas à lutter contre des êtres humains, mais contre les puissances spirituelles mauvaises du monde céleste, les autorités, les pouvoirs et les maîtres de ce monde obscur» (Ep 6:12).

QA. 9: *Dieu peut-il encore apprendre?*

Apprendre, c'est acquérir de nouvelles connaissances sur des sujets précédemment inconnus ou mal connus. Comme Dieu sait toutes choses (Ps 139:2; Jn 16:30), il n'existe rien de nouveau qu'il puisse apprendre ou découvrir. Il est maître du temps et de l'espace; comme tel, il connaît le passé et l'avenir. Nous, en revanche, nous sommes des êtres toujours susceptibles d'apprendre. Dans son omniscience, Dieu nous révèle dans la Bible des événements qui doivent encore s'accomplir.

QA. 10: *Jésus a-t-il vraiment existé? Est-il le Fils de Dieu?*

L'annonce de la venue de Jésus dans ce monde fait partie des prophéties les plus remarquables. L'Ancien Testament fournit des détails précis sur son lieu de naissance (Bethléhem, Mi5:1'Lc2:4), son ascendance (2S 7:16; Mt1:1-17), sa double filiation, divine (Ps2:7; 2S7:14; Hé1:5) et humaine (Dn7:13; Lc21:27), ses oeuvres (Es42:7; Jn9), la raison de sa venue (Es53:4-5; Mc10:45), la trahison pour 30 pièces d'argent (Za11:12; Mt26:15), ses souffrances et sa mort sur la croix (Ps22; Lc24:26), et sa résurrection (Os6:2; Lc24:46). Compte tenu du laps de temps de 400 ans qui sépare le dernier livre de l'Ancien Testament de l'époque néotestamentaire, l'accomplissement des prophéties concernant Jésus-Christ revêt un relief particulier. Des auteurs païens témoignent aussi de l'existence de Jésus; on peut mentionner, entre autres, *Tacite*, l'historien romain, *Suétone*, l'archiviste de l'empereur *Hadrien, Pline le Jeune*, gouverneur de Bythinie et *Thallus*. Contentons-nous, dans le cadre de cet ouvrage, de reproduire une citation de l'historien juif *Flavius Josèphe*, né en 37 de notre ère:

> «En ce même temps était Jésus, qui était un homme sage, si toutefois on doit le considérer simplement comme un homme, tant ses oeuvres étaient admirables. Il enseignait ceux qui prenaient plaisir à être instruits de la vérité, et il fut suivi non seulement de plusieurs Juifs, mais de plusieurs Gentils: c'était le Christ. Des principaux de notre nation l'ayant accusé devant Pilate, il le fit crucifier. Ceux qui l'avaient aimé durant sa vie ne l'abandonnèrent pas

après sa mort. Il leur apparut vivant et ressuscité le troisième jour, comme les saints prophètes l'avaient prédit et qu'il ferait plusieurs autres miracles» (Antiquités Juives XVIII.3.3).

A deux reprises, à son baptême (Mt 3:17) puis lors de la Transfiguration (Mc 9:7), Dieu lui-même atteste que Jésus est son Fils; quand l'ange apparut à Marie, il lui annonça que Jésus serait le Fils du Dieu Très-Haut (Lc1:32). Devant le gouverneur Pilate (Mt 26:63-64) comme devant le grand-prêtre Caïphe (Lc 22:70), Jésus se déclare Fils de Dieu. Des hommes et des femmes aux origines les plus diverses ont affirmé que Jésus est Fils de Dieu:

- Pierre: «Tu es le Messie, le Fils du Dieu vivant» (Mt16:16);
- Jean: «Si quelqu'un déclare que Jésus est le Fils de Dieu, Dieu demeure en lui et il demeure en Dieu» (1Jn 4:15);
- Paul: «Je vis dans la foi au Fils de Dieu» (Ga 2:20);
- Marthe, de Béthanie: «Je crois que tu es le Messie, le Fils de Dieu, celui qui devait venir dans le monde» (Jn 11:27);
- Nathanaël: «Maître, tu es le Fils de Dieu» (Jn 1:49);
- le centurion romain présent à la crucifixion: «Il était vraiment le Fils de Dieu» (Mt 27:54);
- le ministre éthiopien des finances: «Je crois que Jésus-Christ est le Fils de Dieu» (Ac 8:37).

Le diable lui-même sait que Jésus est le Fils de Dieu (Mt 4:3-6), et les démons le reconnaissent comme tel (Mt 8:29).

Le fait que Jésus soit le Fils de Dieu était une pierre d'achoppement pour les Pharisiens, les scribes, les prêtres et le peuple révolté d'autrefois (Jn 19:7); ce fait reste aujourd'hui inacceptable pour les juifs comme pour les musulmans. Mais si Jésus n'avait été qu'un «frère» (*Shalom Ben Chorin*), un «fils parmi les fils» (*Zahrnt*), un homme exemplaire ou un réformateur, il n'aurait pas pu devenir notre Rédempteur et notre Sauveur; il l'est devenu parce qu'il était vraiment le Fils du Dieu vivant (Mt 16:16).

QA. 11: *Quelle est la relation entre Dieu et Jésus? Forment-ils une seule personne? L'un occupe-t-il un rang plus élevé que l'autre? Qui devons-nous prier?*

Notre intelligence limitée et faussée ne peut concevoir Dieu. Il est hors du temps, hors de l'espace et insondable. C'est pourquoi le premier commandement interdisait à l'homme de faire des représentations visibles de Dieu. Pourtant, Dieu n'est pas resté sans rendre témoignage de lui-même (Ac 14:17); il s'est révélé à nous. Il est à la fois *un* et *trinitaire*.

1. *Dieu est un:* Il n'existe pas d'autre dieu que le Dieu d'Abraham, d'Isaac et de Jacob (Ex 3:6): «Je suis le premier et je suis le dernier, et hors moi il n'y a point de Dieu» (Es 44:6); «Avant moi il n'a point été formé de Dieu, et après moi il n'y en aura point. C'est moi, moi qui suis l'Eternel, et hors moi il n'y a point de Sauveur» (Es 43:10-11). D'où le deuxième commandement: «Tu n'adoreras pas d'autres dieux que moi» (Es 20:3). Les représentations de Dieu que toutes les religions se sont faites sont vaines: «Les dieux des nations sont tous des nullités» (Ps 96:5), «du vent, du vide» (Es 41:29).

2. *Dieu est trinitaire:* Tout en étant «un», Dieu se manifeste en trois personnes. Il ne s'agit pas de trois dieux différents, mais comme l'affirme clairement la Bible (p. ex. 1 Co 12:4-6; Ep 1:17; Hé 9:14) de trois personnes qui ont la même volonté, font les mêmes oeuvres et possèdent la même nature divine: le Père, le Fils et le Saint-Esprit. C'est dans la formule baptismale de Mt 28:19 que cette association des trois personnes divines ressort le plus clairement. Le mot «Trinité», qui ne se trouve nulle part dans la Bible, traduit l'effort humain de résumer en un seul mot le mystère divin.

En **Jésus** Dieu s'est fait homme: «La Parole a été faite chair» (Jn 1:14). Dieu est devenu visible, audible, palpable (1 Jn 1:1) et accessible par la foi (Jn 6:69). Dieu a envoyé son Fils dans le monde et l'a offert en sacrifice (Rm 3:25). Jésus occupe une place toute spéciale dans le processus de notre salut. La foi qui sauve est celle qui croit en Jésus. Il est mort sur la croix, il a expié nos péchés et nous a rachetés à grand prix (1 P 1:18). Pour être sauvé, il faut faire appel à lui (Rm 10:13). Par Jésus, nous avons un libre accès au Père (Jn 14:6); par lui, nous pouvons appeler Dieu ‹Abba›, c'est-à-dire «Papa»! Jésus est le Fils de Dieu, il partage la même nature divine: «Le Père et moi, nous sommes un» (Jn 10:30). C'est pourquoi il a pu dire: «Celui qui m'a vu a vu le Père» (Jn 14:9). En présence du Ressuscité, Thomas s'écrie: «Mon Seigneur et mon Dieu!» (Jn 20:28) La divinité de Jésus et son identité de nature avec le Père se déduisent aussi des titres qu'ils partagent et des oeuvres qu'ils accomplissent: ils sont, tous deux, créateur (Es 40:28; Jn 1:3), lumière (Es 60:19-20; Jn 8:12), berger (Ps 23:1; Jn 10:11), premier et dernier (Es 41:4; Ap 1:17), ils pardonnent les péchés (Jé 31:34; Mc 2:5), ils ont créé les anges (Ps 148:5; Col 1:16) qui adorent le Fils comme ils adorent le Père (Ps 148:5; Hé 1:6). L'égalité de Jésus avec le Père est encore soulignée dans Ph 2:6. En devenant homme, Jésus a pris la condition de serviteur; il s'est rendu totalement dépendant du Père et lui a obéi en toutes choses. Dans l'incarnation, Jésus s'est subordonné au Père: de même que le mari est le chef de la femme, Dieu est le chef du Christ (1 Col 1:3). Mais par sa résurrection et son ascension, Jésus est actuellement à la droite du Père; il est «le reflet de sa gloire et l'empreinte de sa personne» (He 1:3). Le Père a conféré au Fils tout pouvoir dans les cieux et sur la terre (Mt 28:18), y compris celui de juger (Jn 5:22), car «Dieu a tout mis sous ses pieds» (1 Co 15:27). En fin de compte, «lorsque toutes choses auront été soumises au Christ, alors lui-même, le Fils, se soumettra à Dieu qui lui aura tout soumis; ainsi, Dieu régnera parfaitement sur tout» (1 Co 15:28).

Le **Saint-Esprit** est lui aussi une personne divine, mais il est investi d'une mission différente de celle du Fils de Dieu. Il est notre consolateur (Jn 14:26) et notre avocat; il nous dévoile le sens de l'Ecriture (Jn 14:17); il intercède en notre faveur par des prières appropriées (Rm 8:26); sans lui, nous ne pouvons d'ailleurs pas reconnaître Jésus comme Sauveur et Seigneur (1 Co 12:3).

La prière: Jésus a enseigné à ses disciples - et par conséquent à nous aussi - à prier le Père (Mt 6:9-13). Quand l'apôtre Jean, saisi d'effroi, se jeta aux pieds de l'ange pour l'adorer, celui-ci l'en empêcha en disant: «Garde-toi de le faire! Je suis un serviteur comme toi ... Adore Dieu!» (Ap 22:9). La prière adressée à Jésus est non seulement possible, mais depuis sa venue dans le monde, elle est même recommandée. Jésus a lui-même déclaré à ses disciples: «Jusqu'à maintenant, vous n'avez rien demandé en mon nom» (Jn 16:24) et: «Si vous *me* demandez quelque chose en mon nom, *je* le ferai» (Jn 14:14). Tout ce que nous disons et faisons, ce qui comprend aussi nos prières, est inclus dans cette recommandation de l'apôtre Paul aux Colossiens: «Dans tout ce que vous faites ou dites, agissez au nom du Seigneur Jésus, en remerciant par lui Dieu le Père» (Col 3:17). Puisque Jésus est le seul médiateur entre Dieu et les hommes (1 Tm 2:5), nous pouvons lui adresser nos prières. Etienne, le premier martyr, présenté comme «un homme rempli d'Esprit Saint» (Ac 7:55), a prié le Seigneur Jésus-Christ: «Seigneur Jésus, reçois mon esprit!» (Ac 7:59). Pendant qu'il était sur terre, Jésus a accepté d'être imploré comme Dieu. Le lépreux (Mt 8:2), l'aveugle de naissance (Jn

9:38) et les disciples (Mt 14:33) se sont prosternés devant lui. Dans la Bible, cette attitude exprime la forme la plus élevée de l'adoration et de l'hommage. Pour ce qui est de la prière adressée à l'Esprit Saint, la Bible n'en parle pas.

B. Questions relatives à la Bible

Les questions suivantes, qui traitent de la véracité et de la fiabilité de la Bible, revêtent une importance capitale. C'est pourquoi il nous a paru nécessaire d'ajouter un appendice plus détaillé sur ce sujet. Nous nous bornerons donc à n'examiner que quatre questions dans le cadre de ce chapitre.

QB. 1: *La Bible a été écrite par des hommes. Il faut donc relativiser son contenu. Comment pouvez-vous affirmer qu'elle est la Parole de Dieu et que tout ce qu'elle dit est vrai?*

Prenons un exemple précis qui a l'avantage de s'appuyer sur les mathématiques. La Bible contient 6408 versets qui mentionnent des prophéties; 3268 sont déjà accomplies, les autres concernent des événements encore à venir. On constate un accord parfait entre la prophétie et sa réalisation. Aucun autre livre au monde ne peut présenter un tel bilan. Ce taux de vérité, ou degré de certitude, n'a nulle part son pareil.Demandons-nous s'il est possible que tant de prophéties s'accomplissent sans une intervention de Dieu. Nous allons nous servir du calcul des probabilités. Dans le raisonnement suivant, nous ne tiendrons compte ni du fait que souvent plusieurs versets bibliques concernent la même prophétie, ni du fait que parfois le même verset comporte plusieurs prophéties. Nous ne tiendrons pas compte non plus du fait que de nombreuses prophéties sont évoquées plusieurs fois. Cette simplification du problème affecte très peu les résultats du calcul.

Admettons que la probabilité qu'une prophétie s'accomplisse soit $p = 0,5$. C'est une probabilité très élevée. La probabilité pour que les 3268 prophéties se réalisent sera $w = 2^{-3268} = 1{,}714x10^{-984}$. Or, en réalité, la probabilité pour qu'une seule prophétie s'accomplisse est mathématiquement de 1 sur 1000 à 1 sur plusieurs millions. En admettant une probabilité de 0,5 (1:2), nous nous sommes placés dans le cas le plus défavorable. Rapprochons cette probabilité *w* de quelques probabilités de gagner au loto. La probabilité de trouver les 6 bons numéros dans une grille de 49 nombres consécutifs est d'environ 1 sur 14 millions. Combien de numéros la grille du loto devrait-elle comporter pour que la probabilité de tirer six bons numéros soit égale à la probabilité d'accomplissement des prophéties? Quelle serait la dimension d'une telle carte de loto? Un numéro occupe à peu près $25mm^2$. Cherchons à savoir combien de numéros pourraient être juxtaposés sur trois surfaces significatives:

a) la superficie d'une table de ping-pong qui mesure 1,525 m sur 2,74 m (surface: 4,1785 m^2) permettrait de disposer 167140 numéros;

b) la superficie d'un terrain de football, qui est de $7350m^2$, permettrait d'inscrire 459375000 numéros;

c) la surface de la terre entière, à savoir 510 millions de km^2, permettrait d'inscrire $31{,}3653x10^{18}$ numéros. Rappelons que 1018 correspond à un milliard de milliards!

Sur de telles surfaces, et avec le nombre de numéros correspondants, la probabilité de cocher 6 bons numéros serait respectivement:

a) $w = 1{:}0{,}4x10^{30}$ (autrement dit, $2{,}5x10^{-30}$)

b) $w = 1{:}1{,}3x10^{49}$ (autrement dit, $7{,}69x10^{-50}$)

c) $w = 1{:}1{,}3x10^{114}$ (autrement dit, $7{,}69x10^{-115}$)

On constate que toutes ces valeurs de probabilité, y compris la dernière, sont encore très loin de celle calculée pour l'accomplissement de toutes les prophéties! Et pourtant, la probabilité calculée pour cocher les bons numéros est déjà infinitésimale. Pour nous rapprocher de l'ordre de grandeur de la probabilité d'accomplissement des prophéties, il faudrait étendre la grandeur de notre carte de loto à l'univers entier, et à ses 10^{80} atomes! Que signifie encore concrètement ce nombre? Le chiffre 1 suivi de 80 zéros, ou encore le nombre obtenu en multipliant 10 milliards huit fois par lui-même! Même dans ce cas, où le nombre de chiffres d'une carte qui aurait la taille de l'univers serait de $2{,}74 \times 10^{164}$, on serait encore loin du nombre de combinaisons de toutes les prophéties. Il faut donc imaginer quelque chose d'encore plus grand que notre univers! S'il y avait autant d'univers que le nôtre a d'atomes, la probabilité d'avoir 6 bons numéros sur une carte de loto aussi gigantesque serait encore 27400 fois plus petite que celle de voir s'accomplir les 3268 prophéties!

Ces considérations n'appellent qu'une seule conclusion: les prophéties sont d'origine divine; elles ne peuvent en aucun cas avoir été le résultat de la réflexion humaine. Les calculs précédents nous conduisent tout droit à souscrire totalement à l'affirmation de Jésus dans la prière qu'il a adressée au Père: «Ta Parole est la vérité» (Jn17:17). La Bible n'est donc pas d'origine humaine. Comme elle le déclare elle-même: «Toute Ecriture est inspirée de Dieu» (2 Tm 3:16). Dieu a choisi des hommes auxquels il a révélé ces choses pour nous les communiquer, sans pour autant faire fi de leur personnalité, de leur nature ou de leur sensibilité. Pour de plus amples informations sur ce sujet, reportez-vous à l'appendice qui traite de l'origine de la Bible (I.1), de sa véracité (I.2) et qui donne des moyens de vérifier ses affirmations (I.3).

QB. 2: *Comment puis-je savoir que la Bible dit vrai?*

Ce n'est pas dans un cercle de discussion que l'on peut décider si oui ou non un processus physique mathématiquement prouvé ou une réaction chimique soumise à des conditions bien définies se produira. C'est l'expérience qui dira si la théorie était juste. Contrairement aux écrits de toutes les idéologies et de toutes les religions, la Bible présente des méthodes qui permettent de s'assurer de sa véracité par le moyen d'expériences. Quiconque ne se borne pas à discourir vainement sur la foi, mais veut parvenir à une pleine conviction, est invité à se prêter à une expérience dans laquelle Dieu lui-même s'engage:

> «Répète sans cesse les enseignements du livre de la loi et médite-les jour et nuit de façon à observer tout ce qui y est écrit. Alors tu mèneras à bien tes projets et ils réussiront» (Jos 1:8).

Cette expérience comporte trois phases:

1. *Apprendre à connaître les conditions de l'expérience:* Par une lecture assidue de la Bible, il faut d'abord se familiariser avec le contenu des Saintes Ecritures.

2. *Engager le processus expérimental:* Il faut ensuite traduire toutes les données du Livre dans les faits observables.

3. *Analyser les résultats:* Tous les hommes souhaitent pouvoir mener une vie heureuse, sur le plan conjugal, familial, professionnel et sur celui des loisirs. Les innombrables questions posées aux conseillers de tout poil qui répondent dans les colonnes des journaux de tous bords en témoignent. Mais aucun conseiller conjugal, aucun expert professionnel, aucun psychologue, aucun homme politique ne peut donner de recettes garantissant le succès à cent pour cent. Seule la Bible garantit le succès, si l'homme se conforme à ses préceptes.

Le bilan de celui qui tente l'expérience sera toujours positif. Il n'y a ni perte ni risque. Il ne peut perdre sa mise, comme dans le loto, ou perdre des intérêts, comme dans les placements financiers. Celui qui prend la Bible au sérieux prend Dieu au mot. Il ne peut qu'être gagnant. Toujours.

QB. 3: *Qu'est-ce qui différencie la Bible de tous les écrits humains?*

La Bible se distingue de toute œuvre littéraire humaine par plusieurs aspects, ce qui fait d'elle un ouvrage unique et incomparable.

1. *Bien qu'elle ait été écrite sur une période de plus de 1000 ans, elle fait montre d'une remarquable unité et d'une étonnante continuité.* Environ 45 auteurs différents ont contribué à sa rédaction. Ils appartiennent à tous les milieux socioculturels. On trouve parmi eux Moïse, homme de grande érudition, formé à l'école d'un pharaon, Josué, un militaire de génie, Daniel, un Premier ministre de plusieurs gouvernements successifs, Néhémie, échanson de roi, David, grand roi d'Israël, Amos, un berger, Pierre, un pêcheur, Matthieu, un percepteur d'impôts, Luc, un médecin grec, Paul, un fabricant de tentes. Les parties qui constituent l'Ecriture Sainte ont été rédigées dans des circonstances parfois étranges: Moïse a écrit dans le désert, Jérémie et Paul en prison, Daniel dans de somptueux palais, Luc au gré de ses voyages, Jean durant son exil. Les auteurs ont connu tous les états d'âme: la joie et l'amour, la crainte et l'inquiétude, la détresse et le doute. Malgré cet écart de 60 générations qui sépare le premier auteur du dernier, malgré la grande diversité des écrivains, la Bible présente une unité humainement inexplicable. Ses différents auteurs ont abordé des centaines de thèmes sans jamais se contredire. Sans l'intervention de Dieu, il aurait été impossible que des hommes ayant vécu à des époques si différentes, et provenant de milieux si variés expriment des idées si convergentes sur un si grand nombre de sujets. Un thème retient en particulier l'attention du lecteur: l'histoire du salut qui parcourt toutes les pages du Saint Livre comme un fil rouge.

2. *Dans la Bible se rencontre une diversité de genres littéraires qui n'a pas son équivalent ailleurs.* Seuls lui sont étrangers les genres littéraires qui ne servent pas la cause de la vérité, tels que p. ex. les contes, les légendes, les épopées romanesques et les comédies. Elle ne tolère pas non plus les exagérations dans un sens comme dans l'autre.

3. *La Bible traite d'une façon remarquable de multiples aspects de la foi et de la vie.* Elle est simultanément une confession de foi, un recueil de lois et un livre d'histoire. Elle fait référence à de multiples sciences et fournit des milliers de recommandations applicables dans les situations les plus diverses. Elle est le meilleur conseiller conjugal et indique comment nous comporter à l'égard de nos enfants et de nos parents, de nos amis et de nos ennemis, de nos voisins et de nos proches, des étrangers, des hôtes et de nos frères et sœurs dans la foi. Elle révèle l'origine du monde et de toute vie, la cause et la nature de la mort et annonce la fin du monde. Elle nous fait connaître la nature de Dieu le Père et celle de Jésus-Christ, son Fils, ainsi que l'action du Saint-Esprit.

4. *La Bible est le seul livre prophétique entièrement fiable.* Ses prophéties sont d'inspiration divine (1 S 9:9; 2 S 24:11; 2 P 1:20-21) et ne se trouvent dans aucun autre livre au monde, pas même dans le Coran ou dans les prédictions de Nostradamus. L'intervalle de temps qui sépare l'annonce de l'événement de son accomplissement est généralement si grand qu'il est impossible d'affirmer que l'annonce prophétique a été faite après que l'événement se soit produit.

5. *La Bible est le seul livre à recouvrir toute l'étendue du temps.* Elle aborde l'histoire avant même le commencement du temps (la création) et en mentionne la fin (Ap 10:6b). Aucun ouvrage humain ne donne des indications aussi précieuses et aussi sûres quant à l'origine du temps et ne se risque, avec autant de hardiesse, à décrire les événements qui précéderont de peu sa fin. Par delà le temps, la Bible évoque l'éternité, cette réalité qui rendra caduques toutes nos lois présentes, conditionnées par le temps.

6. *Aucune affirmation de la Bible ne s'est révélée fausse.* Jamais les affirmations scientifiques de la Bible n'ont dû être révisées en fonction de nouvelles découvertes. Au contraire, certaines de ses observations et de ses descriptions, telles que le nombre des étoiles et la forme de la terre, n'ont été confirmées par la science que des siècles plus tard.

7. *Aucun autre ouvrage ne donne de l'homme une description aussi réaliste.* On ne trouve aucune exagération, aucune retouche biographique, aucun héros à glorifier, rien qui puisse cacher ou voiler le côté négatif de l'homme. C'est pourquoi la Bible parle des péchés des patriarches (Gn 12:11-12), de l'adultère de David (2 S 11) et du désordre qui régnait dans certaines assemblées chrétiennes (1 Co 11; 2 Co 2:1-4).

8. *Contrairement à tout autre livre, la Bible mentionne des choses futures qui étaient impensables à l'homme d'alors, compte tenu de ses connaissances.* On peut en effet voir en Abdias, v.4, une allusion aux stations orbitales; de même, elle fait clairement mention de la destruction finale de ce monde par le feu, ce qui était impensable autrefois et tout à fait concevable aujourd'hui. La Bible envisage aussi dans son enseignement des situations qui ne devaient se produire que des siècles plus tard (par exemple, la toxicomanie et les manipulations génétiques).

Voilà donc au moins huit raisons qui prouvent que la Bible est un livre hors du commun qui se différencie de n'importe quel autre ouvrage. L'historien *Philippe Schaff* résume en ces mots judicieux le caractère unique de la Bible et de celui auquel elle rend témoignage:

> «Sans argent et sans armes, ce Jésus de Nazareth a vaincu plus d'hommes qu'*Alexandre, César, Mahomet* et *Napoléon*; sans avoir fait d'études supérieures et sans avoir acquis de connaissances particulières, il a projeté sur Dieu et sur l'homme plus de lumière que tous les philosophes et savants réunis; sans formules rhétoriques, il a prononcé des paroles de vie comme personne avant lui ni personne après lui, paroles qui ont produit des effets inconnus de tout autre orateur ou poète. Sans avoir écrit lui-même une seule ligne, il a donné matière à plus de sermons, de discours, de discussions, de doctrines, d'art et de louanges que toute la cohorte des grands hommes de l'Antiquité et des temps modernes» (cité par J. Mc Dowell).

Si l'on peut connaître exactement le nombre de mots et de lettres de la Bible - *la version anglaise King James* comporte 783 137 mots et 3 566 489 lettres -, il n'en est pas de même de la profondeur de ses pensées, qui est insondable. Une vie humaine ne suffit pas pour explorer ce trésor (Ps 119:162). On peut donc lire et relire indéfiniment la Bible sans que jamais cette lecture ne soit ennuyeuse. Par la lumière que certains passages projettent sur d'autres, chaque lecture s'enrichit de nouvelles découvertes. Une seule conclusion s'impose donc: *La Bible est le seul livre divin*. Dieu en garantit la véracité (Ps 119:160; Jn 17:17).

QB. 4: *Existe-t-il d'autres messages qui puissent compléter la Bible? Dieu n'est-il pas au-dessus de l'Ecriture pour pouvoir s'adresser directement à quelqu'un?*

Il faut distinguer les deux moyens par lesquels Dieu révèle sa pensée. Il y a d'une part la Bible - la révélation générale - qui est valable de la même manière pour tous les hommes, et d'autre part les révélations particulières que Dieu accorde d'une manière spécifique à ses enfants dans leur vie quotidienne.

1. *Ajouter à la Bible?* Parallèlement aux hommes appelés et inspirés par Dieu pour rédiger les écrits bibliques (cf. Jé 1:5; Ga 1:12), sont apparus de faux prophètes porteurs de leur propre message. A la question angoissante: «Comment reconnaître qu'un message ne vient pas du Seigneur?» (Dt 18:21), Dieu a répondu en proposant un test de vérité:

> «Si un prophète annonce quelque chose au nom du Seigneur et que cela ne se réalise pas, c'est que son message ne vient pas du Seigneur. Le prophète a eu l'audace de le prononcer lui-même. Ne vous laissez pas impressionner par lui» (Dt 18:22).

Dans le sermon sur la montagne, Jésus met également en garde contre les faux prophètes et indique les moyens de les démasquer:

> «Gardez-vous des faux prophètes. Ils viennent à vous en se donnant l'apparence de moutons, mais au-dedans ce sont des loups féroces. Vous les reconnaîtrez à leurs actions. On ne cueille pas des raisins sur des buissons d'épines, ni des figues sur des chardons» (Mt 7:15-16).

L'apôtre Jean ne souligne pas moins le même danger: «Beaucoup de menteurs se sont répandus dans le monde... Quiconque ne demeure pas dans l'enseignement du Christ, mais va au-delà, n'a pas Dieu» (2 Jn 7, 9).

Seule la Bible est la révélation de Dieu. En dernier lieu, Dieu a parlé par son Fils (Hé1:1) et rien ne viendra se rajouter à la révélation (Ap 22:18). Il n'y a donc rien à compléter à la Bible. De son vivant, Pierre mettait déjà en garde contre des sectes pernicieuses (2 P 2:1) dont les doctrines conduisent les hommes tout droit à la perdition. Les ajouts et les altérations apportés à la Bible par *Joseph Smith* (Le Livre de Mormon), *Ch. T. Russel* (Témoin de Jéhovah), *J.G. Bischoff* (Néo-apostolique), *M. Baker Eddy* (Science Chrétienne), *R. Steiner* (Anthroposophe), et par bien d'autres encore ne sont pas des révélations divines, mais les tristes et dangereuses élucubrations de faux docteurs et de séducteurs. Dieu ne communique pas d'autres révélations, mais seulement de nouvelles lumières sur ce qu'il avait déjà transmis aux hommes de l'Ancien et du Nouveau Testament. La Bible demeure donc la seule source sûre et fiable d'informations, la seule pierre de touche de toute doctrine et de toute pratique. Même l'habitude prise par certains chrétiens de justifier leur raisonnement par la formule qui coupe court à toute discussion: «Le Seigneur m'a dit ...» est sujette à caution.

2. *Les directives de Dieu dans la vie de ses enfants.* Dans certaines situations, nous aimerions tellement que Dieu nous fasse clairement connaître sa volonté! Il pourrait le faire, mais ce n'est pas dans ses habitudes. *Luther, Calvin, John Wesley, Hudson Taylor* et *Billy Graham*, parmi beaucoup d'autres, ont été ou sont de remarquables hommes de Dieu, qui ont accompli une œuvre extraordinaire. Ils se sont appuyés sur la Parole de Dieu et ont trouvé en elle les directives d'un ministère béni. En priant: «Seigneur, montre-moi quel chemin je dois suivre» (Ps 86:11), nous nous attendons à ce que Dieu éclaire notre route. Nous découvrons après coup qu'il dirige nos pas, bien que nous n'entendions aucune voix extérieure.

QB5: *Que penser du «code de la Bible» de M. Drosnin?*

Dans son livre «Le code de la Bible», le journaliste américain Michael Drosnin prétend que la Bible contient un code qui vient d'être découvert. On a d'abord emmagasiné dans un ordinateur les 304 805 lettres du texte hébreu du Pentateuque, sans tenir compte des espaces. Puis on a demandé à l'ordinateur de restituer les lettres, en prenant 1 lettre sur 2, puis 1 sur 3, et ainsi de suite. On obtient ainsi différentes séries de lettres. En partant chaque fois d'une origine différente, on peut créer d'autres séries de lettres. Les séries de lettres ainsi obtenues sont ensuite disposées en blocs avec des espaces et des nombres de lignes déterminés. Dans ce nombre infini de blocs, on cherche les mêmes combinaisons de lettres qui ont un sens et ont une connotation prophétique pour notre temps. Que penser de cette méthode?

Objections relatives à la théorie de l'information: 1. Ce procédé est totalement aléatoire et ne repose sur rien. Compte tenu du nombre pratiquement infini de recomposition de mots, il est inévitable qu'apparaissent ici ou là des noms et des mots qui ont un sens. La probabilité d'obtenir un nom significatif augmente considérablement à partir du moment où la recherche du mot peut se faire en avant, en arrière, en diagonale. De plus, il est permis de sauter plusieurs lettres.

2. La plus grande partie des ensembles de lettres est malheureusement considéré ecomme du rebut, car on a beau les retourner dans tous les sens, ils ne donnent plus aucun nom ni mot sensé. Ce jeu avec des lettres ne tient pas compte de la vocalisation du texte hébraïque, ce qui augmente encore la probabilité d'obtenir des noms et des mots ayant un sens.

3. Dans la méthode de Drosnin, les signes sont toujours puisés à la même source. C'est une façon de garantir que la répartition de fréquences des lettres ne varie pas. La probabilité que des mots du vocabulaire hébraïque apparaissent est ainsi sensiblement plus élevée que si on prélevait les lettres dans un lot présentant une autre répartition.

4. La désignation de «code de la Bible» dans le calcul statistique de Drosnin induit en erreur, car un code présuppose toujours un inventeur. Or, toutes les sélections de lettres doivent être considérées comme résultant du hasard et ne pouvant pas, en principe, être décodées, puisqu'elles n'ont aucun sens. Tout ce que Drosnin essaie de démontrer est finalement pur hasard et ne renvoie pas à un Auteur.

5. Le mathématicien australien *Brendon McKay* a appliqué la méthode de Drosnin au roman «Moby Dick» et a obtenu des résultats «sensationnels». Cela prouve tout simplement que le résultat est indépendant de la source considérée. Dans une très grande réserve de lettres, on peut pratiquement obtenir tout ce qu'on veut. Drosnin ignore tout simplement les mots qui n'entrent pas dans son schéma. Notons un fait amusant: dans sa recherche statistique, *McKay* a trouvé le nom *Drosnin* et à côté celui de «menteur»!

Objections bibliques: 1. Le message central de la Bible est l'histoire du salut divin offert aux hommes. L'Écriture révèle qui est Dieu, qui est Jésus-Christ et comment nous pouvons être sauvés, et ainsi posséder la vie éternelle. Les événements politiques sensationnels ne font pas partie des grands thèmes bibliques. Or c'est justement ce créneau qu'a choisi Drosnin; il s'oppose ainsi à l'intention révélée de la Bible. Les messages décodés qu'il propose ne correspondent pas du tout au contexte de la Bible.

2. Les associations aléatoires de mots fabriqués par Drosnin n'apparaissent pas dans une structure ordonnée et ne constituent jamais des phrases complètes. C'est le contraire de la Bible qui s'exprime par des phrases compréhensibles pour que nous puissions saisir leur sens (Ep 5:17). Dieu s'est révélé dans sa Parole (directement lisible!) (2 Tm 3:16; Gal 1:12; 2 P 1:21)., et non à travers les énigmes du jeu mystérieux d'un ordinateur. Le message de la Bible est conçu de façon à ce que le débutant dans la vie chrétienne puisse le comprendre (1 P 2:2). Il est donc hors de question que ce message soit emprisonné dans un code secret, qui, de plus, n'aurait été découvert qu'à la fin du vingtième siècle.

3. Drosnin brosse de Dieu un tableau déformé que la Bible conteste. Il écrit ceci: «C'est plutôt comme si ce code nous renvoyait à un Être bienveillant mais non tout-puissant, qui chercherait à nous avertir du danger qui nous menace, pour que nous nous en protégions nous-mêmes» (p. 108). L'année 2012 fait intervenir une comète qui «détruira la terre» (p. 161). Or, d'après la Bible, ce n'est pas une comète qui mettra fin à notre monde, mais le jugement de Dieu (2 P 3:7+10). Quant à ce qui est du moment, personne n'est en mesure de l'indiquer, pas même le «code de la Bible».

4. Drosnin écrit par ailleurs: «Je ne suis pas religieux et ne crois pas même en Dieu» (p. 191). Or Dieu se révèle seulement à ceux qui croient en lui et qui lui font confiance (Amos 3:7). C'est pourquoi, nous classons Drosnin parmi les faux prophètes.

Retenons: le prétendu «code» que Drosnin croit avoir découvert dans la Bible n'est que le résultat d'un jeu statistique à partir d'un très grand nombre de lettres tirées au hasard, mais selon une méthode que récuse la théorie des probabilités. Ce concept qui repose sur l'attrait du sensationnel ouvre la porte à toutes sortes de spéculations. Les fragments d'affirmations «découverts» par Drosnin contredisent la révélation biblique et s'opposent ainsi à Dieu et à son message.

C. Questions relatives à la création, la science et la foi

QC. 1: *Existe-t-il une continuité entre la matière inerte et les organismes vivants?*

La très nette séparation qui existait autrefois entre la chimie minérale et la chimie organique reposait sur une observation de poids: dans la nature inerte, les liaisons organiques ne pouvaient provenir que de l'activité d'organismes. La mort des organismes entraîne un processus irréversible: les matières organiques se décomposent en différents constituants minéraux. Mais cette distinction de principe devint caduque lorsqu'en 1828, le chimiste allemand *F. Wöhler* réalisa la première synthèse de chimie organique, celle de l'urée à partir du cyanate d'ammonium. Grâce à des recherches approfondies et systématiques, on est en mesure aujourd'hui de réaliser de nombreuses réactions de synthèse. Cela suppose évidemment une bonne connaissance de la chimie, de ses réactions et de la constitution moléculaire de la matière, en d'autres mots l'intervention de l'esprit humain dans la matière inerte. Si nous considérons les êtres vivants, nous constatons que rien dans le règne végétal, dans le règne animal et chez l'homme, ne vient contredire les lois de la chimie ou de la physique qui s'appliquent ailleurs. Les lois bien connues de la nature s'appliquent parfaitement dans leur cas. Il n'existe donc, sur le plan chimique et physique, aucune différence de principe entre les organismes vivants et la matière inerte. En prétendant que l'on passe relativement facilement de la matière inerte aux organismes vivants, les affirmations néodarwiniennes sur l'apparition des premières macromolécules prébiotiques dans ce que les savants nomment la «soupe originelle» ne sont que des hypothèses qui vont au-delà de nos connaissances actuelles dans ce domaine. Dans un être vivant, un organisme ne doit pas être réduit à de la matière. La complexité d'un organisme vivant ne peut se déduire de l'examen de ses composants physiques, car les cellules vivantes possèdent en plus une donnée très importante, **l'information**, qui est du domaine de l'esprit et que la matière ne peut produire par elle-même. C'est cette information génétique qui fait que chaque être vivant possède sa forme propre et qu'il est capable de se reproduire. La matière inerte ne possède pas cette faculté de se reproduire. *L'échange d'information est donc le caractère distinctif qui différencie clairement l'organisme vivant de la matière inerte.* On peut aussi faire remarquer que l'existence d'une forme particulière appropriée à chaque être vivant n'a rien à voir avec la formation des cristaux qui obéit à des lois physico-chimiques sur la constitution de la matière. Le phénomène de la *vie* se situe sur un tout autre plan que celui de la physique ou de la chimie. Toutes les expériences tentées par les tenants de la théorie de l'évolution des espèces vivantes, théorie qui prétend que la vie est apparue à partir de phénomènes physico-chimiques, ont confirmé le bien-fondé de notre position: *Aucune expérience physico-chimique ne peut donner naissance à ce capital que nous nommons «information».*

- Lors de ses expériences fréquemment citées, *Stanley Miller* a réussi à faire la synthèse de quelques acides aminés qui sont les constituants fondamentaux des protéines, mais à aucun moment il n'a su produire l'information, cette faculté que possède tout être vivant à définir sa forme et à se reproduire. Cette expérience reste donc bien en deçà de ce que l'on est en droit d'attendre d'une preuve en faveur de la théorie de l'évolution.

- Quant aux affirmations de *M. Eigen*, elles ne sont que

des vues de l'esprit qui ne reposent sur aucune confirmation empirique. Grâce à des machines appropriées, *M. Eigen* veut traduire dans les faits les lois de l'évolution. Voici ce qu'il déclare dans une revue scientifique allemande: «Dans un de nos dispositifs, nous avons réussi à montrer que des bactéries peuvent évoluer ... Ce projet connut un succès immédiat. En trois jours, nous avons pu isoler un mutant qui avait sa propre résistance. Cet exemple montre que l'on peut reproduire en laboratoire les lois de l'évolution.» Une telle affirmation pourrait laisser croire que l'homme avait enfin réussi une expérience décisive pour passer de la matière inerte à l'organisme vivant. En réalité, ces expériences partaient d'organismes vivants *déjà existants*. De plus, elles n'ont pas créé une nouvelle information. En s'appuyant sur une information déjà présente, de telles expériences ne prouvent absolument rien sur l'apparition de l'information.

Retenons bien la leçon: *Dans aucun laboratoire du monde on n'a réussi à créer des organismes vivants à partir de matériaux inertes.* Cette remarque revêt d'autant plus d'importance que la biotechnologie a multiplié à l'infini les possibilités de manipulation sur les êtres vivants, car il est notoire que cette science cherche de plus en plus à modifier le vivant. De toute évidence, l'abîme qui sépare la chimie classique de la biotechnologie est infranchissable. Si pourtant il devait l'être un jour, au terme d'infatigables recherches et grâce au concours de toutes les connaissances acquises, ce serait encore pour prouver que la vie ne peut procéder que de l'esprit et d'une faculté créatrice.

QC. 2: *Quel est l'âge de la terre et de l'univers? Existe-t-il une méthode scientifique permettant de dater l'origine de la terre? Que penser du procédé de datation par le carbone 14?*

On ne connaît aucune méthode physique capable de nous renseigner sur l'âge de la terre ou de l'univers. Il n'existe dans la nature aucune horloge qui se soit mise en marche lors de la création. C'est la désintégration d'éléments radioactifs instables qui semble le mieux jouer le rôle d'horloge. Tout isotope instable d'un élément chimique possède une période ou «demi-vie»: c'est le temps *T* nécessaire pour que sa masse soit réduite de moitié. Sur les quelque 320 isotopes présents dans la nature, plus de 40 sont radioactifs. Comme la vitesse de désintégration est invariable et connue, on peut connaître le temps qu'il a fallu à tel isotope radioactif pour perdre la moitié de sa radioactivité. La mesure radiométrique du temps s'appuie donc sur cette propriété physique des corps radioactifs. On distingue des isotopes à période longue et d'autres à période courte. Parmi les premiers on peut citer:

- l'uranium 238 (U238) qui se transforme en plomb 206 (Pb206) au bout d'un temps $T = 4{,}47 \times 10^9$ années,

- le potassium 40 (K40) dont la moitié se transforme en argon 40 (Ar40) au bout d'un temps $T = 1{,}31 \times 10^9$ années

- et le rubidium 87 (Rb87) qui se transforme en strontium 87 (Sr87) au bout d'une durée $T = 48{,}8 \times 10^9$ années.

- Parmi les isotopes à période courte, mentionnons le carbone radioactif (C14) qui a une période *T* de 5730 ans.

Pour la détermination des âges par la méthode radiométrique, nous disposons d'un système d'équations comportant une inconnue de plus que d'équations. Un tel système est en principe insoluble. La proportion d'atomes désintégrés est inconnue, car nul ne sait combien d'atomes radioactifs l'élément considéré possédait à l'origine. Il existe encore une autre méthode de datation, appelée méthode *isochrone*. Elle cherche à connaître la masse initiale en n'utilisant que des échantillons radioactifs de même âge. Mais cette méthode comporte aussi ses incertitudes. En effet, il n'existe aucun critère sûr permettant d'affirmer que tel échantillon appartient à un ensemble de même âge.

Il en va différemment avec la méthode du C14. Grâce à la dendrochronologie, méthode de datation liée au décompte des anneaux d'un bois, on peut savoir exactement quelle était la quantité initiale du C14. Il suffit d'analyser le bois des anneaux des plus vieux arbres connus qui ont approximativement 5000 ans. Le plus vieil arbre encore existant est un pin du Nevada; en 1989 on l'estimait vieux de 4915 ans. Grâce à lui, on a pu tracer une courbe d'étalonnage du C14 en fonction du nombre des cernes, ou des années, ce qui revient au même; à partir de cette courbe, on peut déterminer l'âge d'un échantillon dont on ne connaît pas l'origine. La méthode de datation par le C14 n'est valable que pour des durées de quelques siècles à quelques millénaires. Lorsque les tenants de l'évolution mentionnent des périodes s'échelonnant sur des millions d'années, ils ne le font pas à la suite de mesures physiques exactes; ils s'appuient sur les «échelles géologiques»; selon cette hypothèse, chaque période géologique a une durée proportionnelle à l'épaisseur de la couche sédimentaire correspondante. Cette théorie présuppose que la vitesse de sédimentation est restée constante pour toutes les formations géologiques, ce que tous les partisans de l'évolution ne sont pas prêts à admettre. Cette hypothèse ne tient pas compte des changements profonds introduits par le déluge universel.

En résumé: Des grandeurs physiques, par exemple le temps, ne sont mesurables en valeur absolue que si le phénomène s'accompagne d'effets physiques quantitatifs dont l'amplitude peut être connue grâce à une mesure étalon (courbe d'étalonnage ou échelle graduée). Si l'on plonge dans un récipient d'eau chaude un thermomètre au mercure ne comportant aucune graduation, le mercure se dilate, mais on ne peut connaître la température de l'eau. On ne saura avec précision la température que lorsque le thermomètre aura été gradué par comparaison avec un thermomètre étalon. Dans les mesures radiométriques avec des périodes très longues, il nous manque «l'appareil étalon», par exemple un phénomène naturel qui mesurerait la durée des ères géologiques successives.

Les plus anciennes traces sûres de l'Histoire profane remontent à 3000 av. J.-C. et se trouvent au Proche-Orient et en Egypte. On peut faire remarquer que c'est justement l'âge des plus vieux arbres connus. La Bible fait mention d'une histoire plus reculée encore, avec la création du premier couple humain par Dieu. La succession des généalogies nous fournit les seules indications fiables sur la durée qui nous sépare de la création. Si l'on admet que les généalogies bibliques comportent des lacunes, c'est-à-dire que les liens mentionnés ne sont pas forcément ceux de la filiation au premier degré, on arrive cependant à une histoire humaine qui recouvre tout au plus quelques milliers d'années, et non des millions d'années comme le prétend l'hypothèse évolutionniste. Seuls les jours de la création différencient l'âge de la terre, celui de l'univers et celui de la race humaine.

QC. 3: *Si l'univers est jeune, comment se fait-il que la lumière d'objets éloignés de notre terre de plusieurs milliards d'années-lumière ait pu l'atteindre? Ne faudrait-il pas plutôt admettre que l'âge de la terre correspond au temps qu'il a fallu à un rayon lumineux provenant d'une étoile située à des milliards d'années-lumière pour lui parvenir?*

Les affirmations contenues dans les questions précédentes

s'appuient sur des conclusions tirées à partir d'une situation *actuelle*. La 17ème «Conférence Générale des Poids et Mesures» a fixé à 299 792 458 m/s la vitesse de la lumière; on l'arrondit généralement à 300 000 km/s; cette vitesse est très élevée mais néanmoins limitée. La lumière qui nous vient des étoiles que nous voyons *maintenant* nous renseigne non sur leur existence actuelle, mais sur leur passé. On en a tiré cette conclusion hâtive: puisqu'il existe des étoiles dont la lumière met plusieurs milliards d'années-lumière pour nous parvenir, il faut que ces étoiles aient plusieurs milliards d'années d'existence. Relevons deux faits importants dans cette démarche intellectuelle:

1. *Assimilation de la distance à la durée*. L'année-lumière ne mesure pas le temps mais la distance. Une année-lumière correspond à un éloignement de 9,46 billions de km. C'est la distance que parcourt la lumière en un an. On pourrait de même indiquer le temps qu'il faut à la lumière pour parcourir un mètre: 1/299 792 458 s. D'ailleurs, l'ancienne définition du mètre, basée sur des longueurs d'onde, a été remplacée par une nouvelle définition qui s'appuie sur la vitesse de la lumière. La seule connaissance de la distance *a* entre deux objets A et B ne permet pas de tirer d'autres informations, notamment l'âge, de ces objets.

2. *Une certaine idée de la création*. L'assimilation de la distance au temps résulte de la conception évolutionniste qui ne conçoit le passé comme l'avenir qu'en millions d'années. L'échelle du temps a pourtant une origine bien définie par la Bible: le temps commence avec le premier verset de l'Ecriture. Il s'est écoulé depuis l'origine des milliers d'années, et non des millions. Du point de vue purement physique, il est inadmissible d'extrapoler le temps au-delà de cette origine. C'est comme si quelqu'un faisait remonter son existence avant l'instant de sa conception. Tirons les conséquences d'une telle logique en l'appliquant au récit biblique de la création. Le texte de Genèse 1:14-16 déclare que Dieu créa les étoiles au quatrième jour. D'après la conception évolutionniste, au terme de la première semaine, aucune étoile n'aurait encore été visible de la terre. L'étoile la plus proche de la terre, Alpha Centaure, en est distante de 4,3 années-lumière; elle aurait donc été aperçue la première fois 4,3 années après la création; la suivante à être aperçue aurait été l'étoile de la Flèche, située à 5,9 années-lumière. Ce processus ne serait pas encore terminé aujourd'hui, puisque chaque année on devrait découvrir d'autres étoiles, si éloignées de la terre que leur lumière ne lui parviendrait que maintenant, ce qui contredit les observations astronomiques.

A en croire cette théorie, Adam n'aurait eu au-dessus de lui qu'un ciel d'encre pendant 4,3 années; il aurait alors aperçu une étoile puis une deuxième 1,6 années plus tard. Toujours d'après cette théorie, Abraham, qui vécut 2000 ans après la création, n'aurait pas encore aperçu les étoiles les plus lumineuses de notre Voie Lactée, large de 130 000 années-lumière, et encore moins celles d'autres galaxies. Pourtant, l'Ecriture nous dit que Dieu fit voir au patriarche un nombre d'étoiles tel qu'il lui était impossible de les compter: «Regarde le ciel et compte les étoiles si tu le peux» (Gn 15:5).

L'identification «nombre d'années-lumière = âge minimum de l'étoile» est donc bibliquement fausse. La réponse biblique à notre dilemme se trouve dans Genèse 2:1-2: «Ainsi furent achevés le ciel, la terre et tout ce qu'ils contenaient. Dieu, après avoir achevé son œuvre, se reposa le septième jour de tout son travail.» Le NT rend le même témoignage: «Il a prononcé ces mots bien que son travail ait été achevé depuis le moment où il a créé le monde» (Hé 4:3). Au terme des six jours de la création, tout était donc achevé. Il faut admettre que les étoiles étaient visibles de la terre, car l'Ecriture déclare: «En effet, *depuis* que Dieu a créé le monde, ses qualités invisibles, c'est-à-dire sa puissance éternelle et sa nature divine se voient dans les oeuvres qu'il a faites» (Rm 1:20). La nature particulière de la création fait que nous n'avons pas le droit d'interpréter les phénomènes initiaux d'après nos connaissances basées sur des expériences actuelles. Quand la Bible dit que l'oeuvre était achevée, elle sous-entend qu'elle l'était à tout point de vue: l'étoile a été créée avec son rayon lumineux déjà parvenu sur la terre. Sachons que tous nos efforts scientifiques pour remonter le temps nous conduiront au mieux à la fin des six jours de la création. Et pour savoir ce qui s'est passé durant ces six jours, nous ne disposons que d'une seule source fiable d'informations: la Bible.

QC. 4: *Que pensait Darwin de Dieu?*

Après avoir interrompu des études de médecine, *Darwin*, sur les conseils de son père, s'orienta vers la théologie (1828-1831), bien que, à ce moment déjà, son intérêt se soit focalisé sur un tout autre domaine. Dans son livre «L'origine des espèces par la sélection naturelle», il écrivit: «Il y a probablement quelque chose de prodigieux dans la conception suivante: le Créateur a conféré à l'argile de toute vic qui nous entoure peu de formes différentes, peut-être même une forme unique, et ensuite, pendant que notre terre, obéissant aux lois de la gravitation universelle, accomplissait ses innombrables ellipses, d'un début si modeste sont issues en nombre infini les formes vivantes les plus diverses et les plus sublimes.» *Darwin* avait une conception vaguement déiste de Dieu, qui est considéré comme l'auteur du développement général cosmique et biologique, mais le célèbre savant anglais ne reconnaissait pas la relation personnelle que Dieu veut établir avec l'homme et ne tenait aucun compte du récit biblique de la création. En affirmant que «l'homme porte en lui la marque indélébile de son origine animale»,

Darwin affichait au grand jour son désaccord avec la Bible. Comme il l'a reconnu dans son autobiographie, *Darwin* concevait l'idée d'une évolution comme une alternative au récit biblique inspiré: «A cette époque, j'étais peu à peu parvenu à la conviction que l'Ancien Testament, à cause de ses récits manifestement erronés ... n'était pas plus crédible que les livres actuels des hindouistes ou que les croyances des barbares ... J'en suis donc arrivé à rejeter le christianisme comme révélation divine.» Au cours des décennies, *Darwin* s'est ancré davantage encore dans cette conviction:

> «Ainsi, lentement, l'incrédulité s'est emparée de moi et a fini par me gagner entièrement. Cela s'est opéré si progressivement que je n'en ai éprouvé aucune détresse, et depuis, je n'ai pas douté un seul instant de la justesse de ma décision. J'ai peine à comprendre que quelqu'un puisse encore croire à la véracité du christianisme.»

Si *Darwin*, tout en rejetant la révélation biblique, a continué à professer un vague déisme, reconnaissant en Dieu un être impersonnel, il n'en a pas été de même de son disciple *E. Haeckel*, qui a franchi le pas de l'athéisme radical en postulant: «Les organismes vivants proviennent tous de réactions physico-chimiques.» Les néodarwinistes *(M. Eigen, C. Bresch, B.-O. Küppers)* contemporains continuent de promouvoir des conceptions athées ou déistes - et donc antibibliques - du monde.

QC. 5: *Dans le sport de haut niveau, les athlètes améliorent sans cesse leurs performances. N'est-ce pas une preuve de l'évolution?*

En date du 3 octobre 1988, un journal allemand résume ainsi les 24èmes Jeux Olympiques de Séoul:

«Au cours de ces Jeux, 38 nouveaux records mondiaux ont été établis. La capitale sudcoréenne a fixé de nouvelles limites aux aptitudes humaines. Mais il y eut aussi la honte et le mépris qui sont tombés sur le sprinter canadien *Ben Johnson* pour avoir obtenu sa médaille d'or et son record du monde grâce à l'emploi - interdit - d'anabolisants. Le Comité International Olympique devait découvrir dix cas de dopage, mais à n'en pas douter le nombre de cas d'athlètes dopés est bien plus grand. Aussi l'ombre du doute planera encore longtemps sur la valeur des performances obtenues à Séoul. Ces jeux ont propulsé sur le devant de la scène sportive des athlètes remarquables: *Kristin Otto* de Leipzig, six fois médaillée en natation, le nageur américain *Matt Biondi* avec ses cinq médailles d'or, le gymnaste soviétique *Wladimir Artemow* et ses quatre médailles, *Florence Griffith-Joyner*, la superstar américaine du sprint, médaillée du 100m, du 200m et du relais. Il faut sans aucun doute inclure dans cette galerie des «grands» de ces Olympiades la tennis-woman allemande *Steffi Graf* qui, grâce à sa médaille d'or, a pleinement confirmé son titre de première joueuse mondiale.»

Il est vrai que les records mondiaux sont sans cesse améliorés. Même si l'on ne tient pas compte des cas de dopage, il faut reconnaître une progression constante des performances. Remarquons toutefois que ces résultats sont obtenus grâce à des progrès réalisés dans la médecine sportive et grâce aussi à des méthodes draconiennes d'entraînement. Les aptitudes sportives ainsi obtenues ne deviennent pas des acquis de la nature humaine. Dès que l'entraînement cesse, les performances diminuent.

Dans l'hypothèse évolutionniste, il faut un mécanisme qui, de génération en génération, entraîne une amélioration automatique. Mutations et sélections seraient les facteurs d'un développement supérieur. Mais celles-ci n'obéissent pas à des lois prévisibles et n'ont pas de finalité. La matière est régie par d'autres lois: celles de l'inertie, de la passivité, de la dégradation de l'énergie et de la tendance au nivellement. Par contre, jusque dans la constitution des macromolécules, la vie répond toujours à des lois connues. Personne ne met en doute le fait que nos ordinateurs actuels ont nécessité des plans complexes et coûteux. Pourtant, même le plus sophistiqué de nos ordinateurs n'est qu'un jeu d'enfant à côté de ce qui s'effectue dans n'importe quelle cellule vivante.

QC. 6: *Peut-on prendre au sérieux les données scientifiques de la Bible, sachant que celle-ci se sert de vieilles représentations du monde qui sont dépassées depuis longtemps?*

Il est faux de dire que la Bible s'appuie sur des représentations du monde qui avaient cours jadis. C'est plutôt l'inverse qui se produit: la théologie libérale interprète les textes bibliques à la lumière des représentations que l'Orient ancien se faisait du monde. En adoptant cette démarche, il est facile à *Läpple* d'écrire:

> «On concevait la terre comme un disque rond et plat, situé au centre de la création, entouré des eaux inférieures, celles du déluge ou des océans primitifs ... Au-dessus du disque de la terre serait tendue la voûte céleste à laquelle sont accrochés, comme des globes lumineux, le soleil, la lune et les étoiles. Au-dessus du firmament sont accumulées les eaux supérieures qui se déverseraient en pluies sur la terre, à travers des fenêtres ou des écluses pratiquées dans la voûte céleste.»

Quelques versets de la Bible suffiront pour démontrer la fausseté d'une telle interprétation et pour montrer que bien avant les découvertes qui ont banalisé nos connaissances sur la forme de la terre, la Bible avait donné du monde une représentation exacte.

«C'est Dieu qui étend le nord du ciel sur le vide et qui suspend la terre au-dessus du néant» (Jb 26:7). La terre ne flotte donc pas sur un océan primitif et ne repose pas non plus sur des fondations solides; elle se meut librement dans le vide. La Bible s'exprime également sur la forme de la terre, de manière directe et indirecte, bien que tel n'est pas son rôle premier: «Il siège par-dessus le cercle (héb. *chug* signifie cercle ou globe) de la terre» (Es 40:22, *Osty*). La forme sphérique de la terre se déduit aussi des paroles prononcées par Jésus en rapport avec son Retour. Le Seigneur reviendra d'une manière soudaine (Mt 24:27), visible simultanément pour tous les hommes (Ap 1:7). A ce moment, la moitié de la terre sera plongée dans l'obscurité, et l'autre moitié sera éclairée par le soleil. C'est ce que confirme le récit de Lc 17:34-36: «Je vous le déclare, en cette nuit-là, deux personnes seront dans un même lit: l'une sera emmenée et l'autre laissée. Deux femmes moudront du grain ensemble: l'une sera emmenée et l'autre laissée. Deux hommes seront dans un champ: l'un sera emmené et l'autre laissé.» Ce passage montre clairement qu'il y aura au même moment des gens qui dormiront - sur la moitié non éclairée de la terre - et d'autres qui seront dans les champs - sur la moitié éclairée. Le prophète Zacharie parle lui aussi du Retour du Seigneur, non dans les termes de ses contemporains, mais dans un langage conforme à la représentation exacte de notre monde: «A une époque que seul le Seigneur connaît, il fera continuellement jour, on ne distinguera plus entre le jour et la nuit, même le soir, il fera clair» (14:7).

QC. 7: *Que peut-on dire de la structure de l'univers?*

On a jusqu'à présent toujours tenté d'expliquer la structure de l'univers à partir d'hypothèses et de modèles évolutionnistes. Parmi les «prophètes d'une nouvelle cosmologie», comme les appelle *Heckmann*, nous classons par exemple *A. Friedmann, A. Einstein, E. A. Milne, P. Jordan, F. Hoyle, G. Gamow, A. A. Penzias et R. W. Wilson.*

A ce jour, toutes les tentatives scientifiques pour préciser la structure spatiale de l'univers, pour savoir s'il est ouvert ou fermé, fini ou infini dans le temps comme dans l'espace, à trois ou à quatre dimensions, à courbure convexe ou concave, se sont soldées par des échecs. Voici ce que déclare à ce propos le célèbre astronome *O. Heckmann* dans son livre: «Sterne, Kosmos, Weltmodelle»: «La faculté humaine d'imaginer est très grande; il existe donc une telle profusion de modèles d'univers qu'un critique, tout récemment, croyait pouvoir affirmer que le nombre de théories cosmologiques était inversement proportionnel aux nombres de faits connus avec certitude.» Lors de la 16ème conférence mondiale de philosophie tenue à Düsseldorf en 1978, l'astrophysicien *V. Weidemann* a déclaré:

> «La cosmologie est beaucoup plus marquée par les présupposés philosophiques que toutes les autres sciences de la nature. D'un côté, il faut bien admettre que les frontières de ce qu'on nomme science reculent sans cesse, mais de l'autre, il faut aussi reconnaître qu'il n'existe pas de réponses scientifiques aux questions fondamentales de la cosmologie. On doit donc en tirer la conclusion suivante: par nature, l'univers est incompréhensible. La science doit donc s'accommoder du fait qu'il y aura toujours des questions auxquelles elle ne pourra apporter de réponses. La seule chose qu'elle puisse faire alors, c'est échafauder une théorie sur nos connaissances.»

La Bible fait la même constatation. Le verset qui exprime

le mieux l'insondabilité de l'univers se trouve en Jérémie 31: «Ainsi parle le Seigneur: Si l'on parvenait à mesurer les cieux en haut et à explorer les fondements de la terre en bas, alors, moi aussi, je pourrais rejeter la descendance d'Israël pour tout ce qu'ils ont fait» (v. 37, TOB). Dieu lie ainsi étroitement la recherche astronomique et le destin d'un peuple, c'est-à-dire deux entités totalement indépendantes. Le Seigneur affirme son immuable fidélité envers Israël; puisqu'il ne peut pas manquer à ses promesses envers ce peuple, ainsi l'homme, malgré ses prouesses dans la recherche astronomique et géophysique, et en dépit des sommes considérables investies, ne pourra jamais sonder la structure de l'univers ni la constitution interne de la terre. Voilà pourquoi la prétention affichée par *Stephen W. Hawking*, l'astrophysicien britannique paralysé, est du domaine de l'utopie: «Mon but est de parvenir à une compréhension globale de l'univers: pourquoi il est ainsi, quelle est sa forme et pourquoi il existe.» La réponse à ces questions consacrerait «le triomphe de la raison humaine», écrit-il.

QC. 8: *Quelle était la durée d'un jour de la création?*

Cette question a fait l'objet d'âpres discussions; les spécialistes ont échafaudé de nombreuses théories, souvent contradictoires. Faisons d'abord l'inventaire de nos sources d'informations valables sur ce sujet. La science ne dispose d'aucun rapport d'observation ni d'aucun témoignage à ce propos. Nous ne connaissons que le point de vue de Dieu rapporté dans le récit de la création et dans le don de la loi au mont Sinaï.

Le récit de la création suit un ordre strictement chronologique, chacune des six journées étant consacrée à une création particulière. La Bible se présente dans ce récit comme un ouvrage scientifique digne de foi; elle indique l'unité physique de mesure et la méthode de mesure (Gn1:14). Elle fixe la longueur de la journée d'une manière scientifiquement exacte: c'est le temps géoastronomique qui s'écoule pendant que la terre effectue un tour complet sur elle-même, c'est-à-dire 24 heures. En donnant la loi à Moïse, Dieu évoque la semaine de la création pour justifier la semaine de travail de six jours et le jour de repos: «Tu as **six jours** pour travailler ... Le septième jour, c'est le sabbat qui m'est réservé, à moi, le Seigneur ton Dieu; tu ne feras aucun travail ce jour-là ... Car en **six jours** j'ai créé le ciel, la terre, la mer et tout ce qu'ils contiennent, puis je me suis reposé le septième jour» (Ex 20:9-11).

Sous l'influence des thèses évolutionnistes, on prétend parfois que les jours de la création désignent de longues périodes. On s'appuie pour cela sur le Ps90: «Pour toi mille ans sont aussi brefs que la journée d'hier, déjà passée ...» (v.4). Mais le Ps90 et 2P3:8 n'établissent pas l'échelle du temps à laquelle Dieu serait soumis, car il est hors du temps. Ce changement d'échelle, d'apparence biblique, dilate bien le temps dans un rapport de 1:365 000; il faut cependant rejeter cet essai d'explication mathématique, car il est non biblique. Appliquée à Mt27:63, cette méthode ferait dire à Jésus: «Après 3000 ans, je ressusciterai.» Or, Jésus est ressuscité le troisième jour, exactement comme il l'avait annoncé d'avance. Les critiques minimisent souvent la portée littérale du récit de la création en affirmant qu'on peut être sauvé sans croire à l'historicité de ce récit. Je leur rétorque alors: Croyez-vous que Jésus est ressuscité le troisième jour? La plupart d'entre eux répondent par l'affirmative. Or, pour être sauvé, il n'est pas nécessaire que je croie que la résurrection se soit produite le troisième jour. Mais pourquoi adoptons-nous des attitudes différentes selon les récits bibliques? Pourquoi croire à la lettre tel récit et rejeter tel autre?

QC. 9: *Les deux récits de la création se contredisent-ils?*

Le récit de la création occupe non seulement les deux premiers chapitres de la Bible, mais encore bien d'autres parties des Saintes Ecritures. Tous se complètent admirablement et brossent un tableau d'ensemble de l'oeuvre de Dieu. Face aux récits bibliques, il existe deux grandes attitudes inconciliables: la foi en ses affirmations ou leur critique. Cette attitude ne se manifeste pas seulement à l'égard des événements du NT tels que la résurrection de Jésus ou ses miracles; ces deux manières d'interpréter se rencontrent déjà à propos des premières pages de la Bible:

1. *Conception respectueuse de la Bible*: Le récit de la création de Gn 1 et Gn 2, de même que toutes les autres parties de la Bible qui sont inspirées de Dieu, d'après 2Tm3:16, n'est pas une œuvre humaine; l'information vient de Dieu lui-même. Aucun homme n'était témoin des événements rapportés par l'Ecriture; seul Dieu, par une révélation directe, a pu dire comment, en combien de temps, dans quel ordre et selon quels principes il a créé toutes choses. A cette attitude de foi en l'Ecriture s'oppose la suivante:

2. *Conception critique de la Bible*: Les partisans de cette thèse scindent le récit de la création en deux parties: Gn 1-2:4a et Gn 2:4b-25, qu'ils attribuent à différents auteurs nommés l'Elohiste (le plus récent) et le Jéhoviste (le plus ancien). Ces hommes auraient livré leurs propres réflexions sur l'origine du monde et de la vie. Après l'exil babylonien, les différentes parties auraient été réunies en un seul ouvrage. On se plaît à souligner que les deux récits de la création s'opposent sur plusieurs points et qu'ils ont été composés à des époques différentes. Les arguments les plus souvent avancés sont les suivants:

a) les deux récits attribuent à Dieu un nom différent (Elohim, Yahweh)

b) la succession des choses créées diffère: plantes - animaux - homme (Gn 1) homme - plantes - animaux (Gn 2)

Il n'est pas difficile de répondre à ces critiques.

a) Dans la Bible, Dieu se révèle comme Père, Fils et Saint-Esprit sous plus de 700 noms différents, afin de mieux nous faire saisir l'infinie richesse de sa nature. Vouloir lier les divers noms de Dieu à différents auteurs humains - et dans ce cas il en faudrait au moins 700! - relève de l'arbitraire le plus fantaisiste, totalement étranger à l'esprit de la Bible.
b) Il ne faut pas considérer le passage qui débute avec Gn 2:4b comme un deuxième récit de la création, mais plutôt comme l'explication plus poussée d'un aspect, à savoir la création de l'homme. Il s'agit donc en fait d'un récit parallèle à Gn 1, mais qui poursuit un autre but. Il répond aux questions: «Quand, où, comment, dans quel ordre, avec quel lien entre eux et avec le créateur, Dieu a-t-il créé nos deux premiers parents?» Cette méthode narrative qui consiste d'abord à donner un aperçu chronologique puis à revenir au récit pour mettre en relief tel ou tel détail se retrouve dans d'autres passages de l'Ecriture. Dans le cas présent, il est dit expressément que Dieu **planta** un jardin (v. 8), ce qui laisse supposer que les plantes existaient déjà. De même, au v. 9 il est dit que Dieu «fit **pousser** du sol toutes sortes d'arbres»; il ne s'agit pas ici de la création des arbres. Les verbes «planter» et «faire pousser» n'indiquent pas des oeuvres créatrices, contrairement aux verbes utilisés au chapitre premier de la Genèse. Ils décrivent plutôt des opérations de transformation à partir d'un matériau déjà disponible. Considérons encore le v. 19. Si on isole ce passage de son contexte, on pourrait en déduire que les animaux ont été créés après l'homme. Mais

à y regarder de plus près, il apparaît clairement que le passage de Gn 2:7-25 est fortement anthropocentrique; par conséquent, le v. 19 ne rapporte pas l'instant de la création des animaux, mais celui où l'homme leur a donné des noms. La proposition subordonnée vient simplement rappeler que les animaux - on peut d'ailleurs faire remarquer que le texte mentionne principalement les animaux terrestres, créés le même jour que l'homme - sont eux aussi sortis de la main du créateur. Il faut noter que dans le texte original hébreu, les verbes «conduisit» et «façonna» sont à des temps différents; le premier est au prétérit, ce qui correspond à notre passé simple, le second au plus-que-parfait. La traduction littérale donnerait donc:

«Le Seigneur Dieu conduisit à l'homme tous les animaux des champs et tous les oiseaux du ciel, *qu'il avait façonnés avec de la terre*, pour voir comment l'homme les nommerait.»

QC. 10: *Les dinosaures sont-ils rentrés dans l'arche?*

Le chapitre 40 du livre de Job ne fait pas que mentionner l'existence des monstres marins, il en donne aussi une description:

> «Regarde bien ce monstre (litt. *behemot*) qu'est l'hippopotame: Je suis son créateur, comme je suis le tien. C'est un simple mangeur d'herbe, comme le bœuf. Mais regarde la force qu'il a dans sa croupe, admire la vigueur des muscles de son ventre! Sa queue est puissante, comme le tronc d'un cèdre; ses cuisses sont nouées par des tendons puissants. Ses os sont aussi forts que des tubes de bronze, ses côtes font penser à des barres de fer ... Si le courant est fort, il ne s'en trouble pas; même si le torrent (litt. «un Jourdain») jaillit jusqu'à sa gueule, il garde tout son calme» (15-18, 23).

Luther - et après lui d'autres traducteurs de la Bible - n'a pas traduit le mot hébreu «behemot», car il ne trouvait aucun animal connu de son temps qui corresponde parfaitement à celui décrit par Job. La queue puissante pouvait faire penser à un crocodile, mais cet animal est carnivore et non herbivore comme celui décrit. Parmi les autres grands animaux vivant en milieu aquatique, on pourrait penser à l'hippopotame; il mange bien de l'herbe, mais sa queue ne correspond pas à celle de l'animal décrit. On peut donc raisonnablement penser que Job décrit les animaux de l'espèce des dinosaures. Il faut se souvenir que le livre de Job est l'un des plus anciens de la Bible, bien que nous ne connaissions pas avec précision sa date de rédaction. Le déluge a complètement modifié la surface de la terre; d'autres montagnes sont apparues, d'autres fleuves ont jailli, d'autres mers et d'autres océans se sont formés. La mention du Jourdain (v. 23) donne à penser que les dinosaures vivaient encore après le déluge. Pour échapper au déluge, il a donc fallu que ces animaux trouvent refuge dans l'arche. Mais de tels monstres adultes auraient nécessité un espace trop grand. On peut donc supposer que Noé a pris avec lui des jeunes dinosaures, ou même simplement des œufs de ces animaux. Après le déluge, ces monstres n'ont plus trouvé les conditions écologiques et climatiques pour lesquelles ils avaient été créés; leur espèce a donc disparu. Cette explication sur la disparition des dinosaures est plus plausible que celle avancée par ceux qui rejettent la Bible.

QC. 11: *Qui les fils d'Adam ont-ils épousé?*

Le couple initial, Adam e Eve, eut deux fils, Caïn et Abel. Caïn tua son frère. Peu après «Caïn s'éloigna de la face de l'Éternel, et habita dans la terre de Nod, à l'orient d'Eden. Caïn connut sa femme; elle conçut et enfanta Hénoc» (Gn 4:16-17). D'où sort subitement cette femme de Caïn?

Si la Bible devait fournir toutes les réponses explicites aux questions que nous nous posons et que nous pouvons déduire du texte, elle devrait comporter une centaine de volumes comme elle! Or, Dieu ne nous a donné qu'un seul livre, mais avec la faculté de raisonner. Il nous est donc possible de répondre à des questions comme celle-ci et à d'autres encore qui ne sont pas directement abordées dans le texte.

Dans Genèse 5:3-4, il est écrit: «Adam, âgé de cent trente ans, engendra un fils à sa ressemblance, selon son image, et lui donna le nom de Seth. Les jours d'Adam, après la naissance de Seth, furent de huit cents ans; et il engendra des fils et des filles.» Nous pouvons donc en déduire que le premier couple eut une très grande quantité d'enfants. Caïn n'avait qu'une possibilité: épouser l'une de ses sœurs. L'introduction du péché dans le monde n'amena pas seulement la mort et la souffrance dans le monde, mais également une dégénérescence progressive de la race humaine. A partir de Moïse, c'est-à-dire environ 2500 ans plus tard, Dieu interdit le mariage entre parents(Lv 18), à cause des tares qui s'ajoutaient. Abraham vécut 400 ans avant Moïse. De son temps, cette interdiction n'existait pas encore, et le patriarche épousa sa demi-sœur Saraï (Gn 20:12).

QC. 12: *A votre avis, quel est l'argument scientifique qui parle le plus en faveur du créationnisme et qui, par conséquent, s'oppose le plus à la théorie évolutionniste?*

La vie apparaît sous des formes variées et plus ou moins complexes. Mais même la cellule la plus simple est d'une constitution si compliquée et d'une finalité telle qu'elle dépasse tout ce que l'esprit humain a pu inventer. Pour expliquer l'origine de la vie, deux thèses opposées sont en présence: l'évolutionnisme et le créationnisme. La première donne de la vie la définition suivante:

> «La vie est un événement purement matériel, qui peut donc se décrire en termes physico-chimiques; elle se différencie de la matière inerte uniquement par sa complexité.»

Depuis *Darwin*, la théorie évolutionniste a été battue en brèche par des spécialistes de différentes branches de la science (informatique, biologie, astronomie, paléontologie, géologie, médecine). A la base de la controverse création - évolution il y aura toujours une opposition irréductible, liée au fait que les deux thèses proposent un modèle de référence radicalement différent. On pourrait sortir de cette impasse au moyen d'un système reposant exclusivement sur des expériences scientifiques. Mais il faudrait alors que ces expériences ne prêtent flanc à aucune critique, car le seul fait de réaliser une contre-expérience solidement prouvée ou d'apporter des démentis bien étayés suffirait à discréditer la théorie scientifique en question. Si aucune expérience contraire ne vient s'opposer à la théorie, celle-ci gagne en certitude et pourra valablement interpréter des faits encore inexplicables. Ainsi, on peut s'appuyer sur toutes les expériences qui prouvent que l'énergie est indépendante du système de référence considéré. C'est ce qui a rendu possible le vol sur la lune - jamais entrepris auparavant - car les techniciens étaient certains de l'absolue validité de cette loi dans n'importe quelles conditions. Les affirmations relatives à **l'échange d'informations** sont d'une fiabilité comparable. Nous disposons donc d'un argument extrêmement solide sur le plan des lois naturelles. La matière et l'énergie sont certes des grandeurs fondamentales nécessaires aux organismes vivants, mais elles ne différencient pas les organismes vivants de la matière inanimée. Ce qui caractérise formellement tout organisme vivant, c'est l'«information» qu'il contient et qui lui est indispensable pour le déroulement de sa vie. C'est l'information qui régule toutes ses fonctions vitales, c'est l'information génétique qui préside au processus de multiplication. La transmission des informations joue un rôle considérable dans tout ce qui vit. Ainsi, lorsque des insectes transportent le pollen d'une fleur à une autre, c'est avant tout le transfert d'une information de nature génétique. La matière qui sert de support à cette information n'a que peu d'importance. L'information ne décrit pas encore la vie dans sa totalité et sa complexité, mais elle en constitue un élément essentiel.

C'est sans aucun doute l'homme qui possède le système de traitement d'information le plus sophistiqué. Si on totalise toutes les informations conscientes (parole, mouvement volontaire des membres, etc.) et inconscientes (système neurovégétatif, système hormonal), on arrive à un chiffre d'environ 10^{24} bits par jour! Ce chiffre astronomique qui exprime la quantité d'informations traitées journellement par l'homme est un million de fois plus élevé que la somme de toutes les connaissances consignées dans toutes les bibliothèques du monde, évaluées à 10^{18} bits.

Si l'on examine la question de l'origine de la vie en s'appuyant sur la théorie de l'information, il faut considérer, comme dans tout système qui transmet ou traite l'information, les théorèmes suivants:

1. Il n'existe aucune information sans code.
2. Il n'existe pas de code sans accord réciproque libre.
3. Il n'existe pas d'information sans émetteur.
4. Il n'existe pas de chaîne d'informations qui n'ait pas à son origine un créateur spirituel.
5. Il n'existe pas d'information sans une source spirituelle préalable; autrement dit, dans son essence, l'information est une grandeur spirituelle et non matérielle.
6. Il n'existe pas d'information sans une volonté qui lui donne naissance.

7. Il n'existe pas d'information sans les cinq niveaux successifs suivants:
- Statistique (fréquence de l'information et de son transfert)
- Syntaxique (aspect du code et de la manière dont l'information est composée)
- Sémantique (étude de la signification)
- Pragmatique (manipulation de l'information)
- Critique (analyse du résultat et de l'objectif final)

8. Il n'existe aucune information qui soit le fait du hasard.

Ainsi, en opposition à l'évolutionnisme, on peut définir la vie comme suit:

La vie se compose d'un support matériel
(aspect physico-chimique)
et d'une partie immatérielle
(l'information venant d'une source spirituelle).

Cette formule brève montre que la vie possède une composante immatérielle à côté de sa composante matérielle. La partie immatérielle comprend l'information venant d'une source spirituelle. Mais cela ne suffit pas pour décrire la partie immatérielle de la vie. Peu après la mort, les cellules du corps contiennent encore l'information génétique, mais il manque cependant ce qui fait toute la différence entre la vie et la mort. Cette différence est visible pour tous, même si elle est insaisissable scientifiquement.

Jusqu'à présent, aucune des conceptions propagées, relatives à la naissance autonome de l'information dans la matière, n'a pu être démontrée par l'expérience. On se demande alors pourquoi *M. Eigen* croit toujours pouvoir démontrer un jour l'origine matérielle de l'information: «Nous devons chercher un algorithme, une directive naturelle pour expliquer l'origine de l'information» («Stufen zum Leben»,

Piper-Verlag, 1987, p. 41). Ses paroles: «L'information provient de la non-information» (p. 55), contredisent toutes les expériences et n'ont donc aucun lien avec la réalité. Par contre, les huit propositions indiquées ci-dessus ont été maintes fois confirmées par l'expérience et n'ont jamais été prises en défaut dans aucun laboratoire du monde. Il est donc légitime de se poser la question suivante: «La vie ne procéderait-elle pas d'une intention créatrice délibérée?» C'est cette intention que révèle la Bible. La source spirituelle de toute information - et par conséquent la source de l'information biologique -, nécessaire à la science informatique, apparaît dès les premiers mots de la Bible: «Au commencement, Dieu créa ...» (Gn 1:1). La théorie évolutionniste prétend, quant à elle, que l'information présente dans l'organisme vivant n'a pas besoin d'émetteur. Cette affirmation est démentie tous les jours par l'informatique. C'est pourquoi cette science fournit aujourd'hui les arguments les plus solides en faveur d'une création des êtres vivants.

D. Questions relatives au salut

QD. 1: *Comment est-on sauvé: par la foi ou par les oeuvres?*

Le Nouveau Testament contient deux affirmations qui semblent contradictoires à première vue:

a) *Salut par la foi*: «Car nous pensons que l'homme est justifié par la foi, sans les oeuvres de la loi»(Rm 3:28).

b) *Salut par les oeuvres*: «Vous voyez que l'homme est justifié par les oeuvres, et non par la foi seulement» (Jc 2:24).

La vérité centrale du Nouveau Testament, c'est que celui qui croit au Seigneur Jésus est sauvé (Jn 3:16; Mc 16:16; Ac 13:39; 16:31). Cette foi ne consiste pas seulement à admettre comme vrais les faits bibliques, mais à entretenir une relation personnelle avec le Fils de Dieu: «Celui qui a le Fils a la vie» (1 Jn 5:12). Quiconque se convertit au Seigneur Jésus expérimente le plus grand bouleversement de sa vie. Sa nouvelle façon de vivre et ses oeuvres sont la preuve visible du changement opéré en lui: «Si vous m'aimez, vous obéirez à mes commandements» (Jn 14:15); «vous parlerez de moi» (Jn 15:27); «faites valoir vos dons jusqu'à ce que je revienne» (Lc 19:13); «servez le Seigneur» (Rm 12:11); «aimez vos ennemis» (Mt 5:44); «ne rendez à personne le mal pour le mal» (Rm 12:17); «n'oubliez pas l'hospitalité» (Hé 13:2); «n'oubliez pas la bienfaisance et la libéralité» (Hé 13:16); «prends soin de mes brebis!» (Jn 21:17). La foi qui sauve se traduit immanquablement par l'amour des autres, au nom de Jésus, et par la mise au service des autres des dons reçus. Le Nouveau Testament nomme un tel comportement «fruit» ou «œuvre» de la foi. Celui qui ne traduit pas sa foi en oeuvres est condamné: «Quant à ce serviteur bon à rien, jetez-le dehors, dans l'obscurité. C'est là qu'il pleurera et grincera des dents» (Mt 25:30).

En opposition aux oeuvres de la foi, l'Ecriture parle des oeuvres de la loi (Ga 2:16) ou des oeuvres mortes (Hé 6:1; 9:14). Ce sont les oeuvres de celui qui ne croit pas. Si donc deux personnes accomplissent les mêmes oeuvres, cela ne signifie nullement que toutes deux sont sauvées. Le contexte de Jacques 2:24 montre que la foi d'Abraham a produit des oeuvres concrètes: le patriarche a obéi à Dieu en quittant sa patrie (Gn 12:1-6) et en étant prêt à offrir son fils Isaac en sacrifice (Jc 2:21). De même, les oeuvres de l'ex-prostituée Rahab (Jc 2:25), à savoir l'hébergement clandestin des espions israélites, étaient une conséquence de sa foi en Dieu (Jos 2:11). Il est donc clair que la foi authentique est indissociable des oeuvres. De même qu'un corps sans âme est mort, ainsi la foi sans les oeuvres est morte (Jc 2:26). Les versets mentionnés en a) et b) ne sont donc pas contradictoires; ce sont deux affirmations complémentaires.

QD. 2: *Pourquoi Dieu a-t-il choisi la croix pour sauver l'humanité? Ne peut-on pas concevoir d'autres moyens de salut?*

La crucifixion n'est pas mentionnée clairement dans l'Ancien Testament, bien que plusieurs détails fassent l'objet d'annonces prophétiques. Ainsi, Ps 22:17 déclare: «Ils ont percé mes mains et mes pieds»; dans Ga 3:13, Paul applique à Jésus le texte de Dt 21:23: «Celui qui est pendu est un objet de malédiction.» Les Romains ont adopté des Perses ce mode d'exécution; *Cicéron* le considère comme «un châtiment des plus cruels et des plus abjects» et *Tacite* comme «le plus honteux». Pourtant, la croix était dans le plan de Dieu: Jésus «a souffert la croix, méprisé l'ignominie» (Hé 12:2); «Il s'est rendu obéissant jusqu'à la mort, même jusqu'à la mort de la croix» (Ph 2:8). On aurait certes pu imaginer d'autres formes d'exécution: lapidation, décapitation, empoisonnement, noyade, mais l'analogie entre la chute et la rédemption les excluait toutes. Le péché était lié à un arbre, l'arbre de la connaissance du bien et du mal (Gn 2:17); c'est sur un arbre qu'il devait être expié. La croix de Golgotha est l'arbre de la malédiction (Ga 3:13): Jésus y subit la mort infâme, rejeté de la société humaine. Il est réellement maudit.

La loi de Moïse maudit le pécheur. Depuis la chute, cette malédiction atteint tous les hommes. La malédiction divine qui nous frappe à cause de nos péchés, Jésus l'a prise sur lui. Le message de la croix est donc désormais une bonne nouvelle, celle de la libération possible de tous ceux qui vivent par nature sous la malédiction.

Le pape *Jean-Paul II* a un jour désigné Auschwitz comme le Calvaire du vingtième siècle. Dans ce sens, il existe aujourd'hui une théologie qui voit en Jésus celui qui s'est rendu solidaire de tous les misérables, de tous les suppliciés, de tous ceux qui, comme lui, ont souffert et ont connu une mort atroce. Mais la mort du Christ en croix n'a rien et n'aura jamais rien de commun avec la mort des autres hommes, sa croix n'avait rien de commun avec les nombreuses croix que les Romains avaient érigées autour de Jérusalem et de Rome. Parce qu'elle est la croix du Christ, du Fils de Dieu, cette croix revêt une signification différente de celle de toute autre croix. Le Christ n'a pas été seulement la victime de l'injustice des grands de ce monde, il a été le seul à connaître la colère de Dieu sur le péché. Lui seul a été l'agneau de Dieu, celui qui a subi le châtiment de Dieu à la place de beaucoup. Depuis lors, la «prédication de la croix» (1 Co 1:18) est au centre de tout message évangélique. C'est ce que déclare Paul: «Je n'ai pas eu la pensée de savoir autre chose que Jésus-Christ, et Jésus-Christ crucifié» (1 Co 2:2).

«Regarde, âme angoissée, au mourant du Calvaire
Regarde à Christ, sur la croix élevé!
C'est là qu'est ton Sauveur, contemple-le, mon frère;
Un seul regard, et sois sauvé!
Regarde et crois!
La vie et le pardon descendent du Calvaire:
Oh! regarde, regarde à la croix!»
(Ailes de la Foi, n° 249)

QD. 3: *Comment Jésus a-t-il pu mourir il y a près de 2000 ans pour les péchés que nous commettons aujourd'hui?*

Dieu avait conçu le plan du salut avant la création du monde (Ep 1:4), car en accordant la liberté à l'homme, Dieu n'avait pas seulement envisagé la possibilité de la désobéissance, il l'avait prévue. En principe, Dieu aurait donc pu mettre à exécution le plan de salut par le Seigneur Jésus aussi bien immédiatement après la chute qu'à la fin des temps; l'essentiel était que ce plan s'accomplît *une fois* (Hé 9:28). Dans le premier cas, le prix du rachat aurait été versé d'avance, dans le second avec effet rétroactif. Nos modes de paiement nous ont familiarisés avec les deux types de règlement: paiement anticipé ou paiement différé. Dans sa sagesse, Dieu a certainement choisi le meilleur moment pour réaliser son plan: «Mais quand le moment fixé fut arrivé, Dieu envoya son Fils» (Ga 4:4). Les hommes qui ont vécu avant la venue de Christ et ont observé les commandements divins d'alors sont sauvés par le sacrifice expiatoire deJésus, de même que ceux qui sont nés après le début de l'ère chrétienne et qui ont accepté l'évangile (Hé 9:15). L'événement du salut s'est accompli dans le temps, comme le souligne l'apôtre Paul aux Romains: «Mais Dieu nous a montré à quel point il nous aime: le Christ est mort pour nous alors que nous étions encore pécheurs» (5:8).

Les commandements n'existaient pas encore du temps

d'Abraham ou de Job. Ces hommes agissaient selon leur conscience et faisaient confiance à Dieu. Cette attitude a été mise à leur crédit et comptée comme justice (Rm 4:3). A l'époque de David, les lois de Moïse étaient connues et s'imposaient à tous. Elles constituaient la norme pour être justifié aux yeux de Dieu; les péchés des hommes étaient chargés sur les animaux offerts en sacrifice, mais les sacrifices d'animaux ne pouvaient pas expier les fautes humaines (Hé 10:4); ces sacrifices sanglants annonçaient et préparaient celui de Jésus. C'est pourquoi le Seigneur est présenté comme «l'agneau de Dieu qui ôte le péché du monde» (Jn 1:29). C'est lui qui nous a obtenu l'expiation définitive. Nous vivons donc au temps du sacrifice accompli; nous ne sommes plus tenus de satisfaire les lois promulguées pour le temps de la préparation, ou de l'ombre; nous n'avons plus à offrir des animaux en sacrifice; le pardon nous est accordé sur la base du sacrifice de Jésus, accompli une fois pour toutes.

QD. 4: *N'aurait-il pas été plus rentable que Jésus souffre seulement pour les péchés de ceux qui demanderaient pardon plutôt que pour les péchés du monde entier?*

D'après la loi de Dieu, tout péché mérite la mort (Rm 6:23). Supposons que durant toute l'histoire de l'humanité, un seul être humain se soit converti à la suite de la prédication de l'évangile de Jésus-Christ. Même pour le salut de ce seul homme, il aurait fallu la mort du Seigneur Jésus. Le Sauveur est animé d'un tel amour pour les hommes qu'il aurait accepté de mourir pour un seul pécheur disposé à se repentir. Mais l'oeuvre expiatoire du Fils de Dieu est si grande que tous les hommes peuvent en bénéficier. C'est pourquoi Jean-Baptiste a pu s'écrier: «Voici l'Agneau de Dieu qui ôte le péché du monde» (Jn 1:29). Le pardon ne devient toutefois efficace que pour celui qui l'accepte. L'histoire authentique suivante illustre fort bien cette vérité.

Un Irlandais très riche, qui possédait d'immenses terres, fit un jour apposer à différents endroits de ses propriétés l'annonce suivante à l'intention de tout son personnel:

> «Lundi prochain, je serai à mon bureau entre dix heures et midi. Tous ceux qui ont des dettes peuvent venir me voir avec leurs factures impayées. Je m'engage à les régler.»

Inutile de dire que cette annonce inhabituelle fut largement commentée durant les jours suivants. Beaucoup considérèrent cette offre comme une farce, d'autres furent d'avis qu'elle constituait un piège; personne en effet n'avait à ce jour fait une telle offre. Les jours passent, arrive le fameux lundi en question. A dix heures sonnantes, le généreux homme d'affaires entre dans son bureau et attend en silence. Personne n'ose frapper à sa porte. Mais dans les environs et dans les couloirs, ce ne sont que d'interminables discussions sur l'authenticité de la signature et sur les intentions du chef. A onze heures et demie, enfin, un vieux couple s'avance vers le bureau. Le vieux monsieur, une liasse de factures impayées dans la main et la voix tremblante, demande aux personnes présentes si c'est bien ici que les dettes sont remises. «Jusqu'à présent, il n'a rien payé», déclare l'un. «Personne n'a encore demandé quoi que ce soit, ajoute un autre, mais si vraiment il éponge vos dettes, faites-le nous savoir rapidement.» Le vieux couple prend son courage à deux mains et frappe à la porte du bureau. «Entrez!», dit le monsieur d'une voix aimable. Après avoir fait asseoir ses deux visiteurs, il prend la pile de factures que tient le mari, additionne toutes les sommes en souffrance et lui tend un chèque d'un montant équivalent, dûment signé. Après s'être confondues en remerciements, les deux personnes s'apprêtent à quitter le bureau. «Restez encore un instant s'il vous plaît; attendez qu'il soit midi et que je ferme le bureau», leur demande le bienfaiteur. Mais les deux vieux pensent à ceux qui, à l'extérieur, attendent leur sortie pour savoir si le patron a tenu sa promesse. Pourtant, le propriétaire se montre intraitable: «Vous m'avez pris au mot, dit-il aux deux employés; il faut que ceux qui attendent dehors fassent de même s'ils veulent que leurs dettes soient payées.» L'offre de l'homme riche s'adressait à tous, sans distinction et sans exception. Sa fortune suffisait à couvrir les dettes de tout le personnel. Mais seuls ont profité de cette offre les deux vieux qui ont cru sa parole.

Ainsi, la mort de Jésus suffit pour expier les péchés du monde entier: «De même que la faute d'un seul être, Adam, a entraîné la condamnation de tous les hommes, de même l'oeuvre juste d'un seul, Jésus-Christ, libère tous les hommes du jugement et les fait vivre» (Rm 5:18). L'offre de salut s'adresse à tout homme; c'est pourquoi l'évangile doit être annoncé à tout le monde. Mais ne seront sauvés que ceux qui ont eu foi en la parole de Jésus et l'auront accepté, lui, comme Sauveur personnel.

QD. 5: *En raison de la mort expiatoire de Jésus-Christ, Dieu offre le pardon des péchés à tous les hommes. Pourquoi ne décrète-t-il pas une amnistie générale?*

Parce que Jésus s'est offert en sacrifice pour les péchés de l'humanité toute entière, Dieu offre le salut à tous. C'est pour cela que Paul a pu déclarer dans son discours aux Athéniens: «Dieu, sans tenir compte des temps d'ignorance, annonce maintenant à tous les hommes, **en tous lieux**, qu'ils aient à se repentir» (Ac 17:30). Plus personne ne devrait être perdu à cause de son péché. Tout pécheur peut être grâcié. Si l'apôtre Paul, qui avait voulu exterminer les disciples de Jésus, a pu faire l'expérience du pardon divin, à combien plus forte raison les autres! Des deux malfaiteurs crucifiés avec le Seigneur Jésus, un seul a été sauvé: celui qui a reconnu ses fautes et les a confessées au Sauveur. L'autre n'a pas regretté son attitude passée; il s'est associé à ceux qui se moquaient de Jésus; il est resté dans ses péchés. On constate donc que Dieu ne promulgue pas une amnistie générale: il s'en tient à la volonté librement exprimée par l'homme:

> «Je place devant vous la vie et la mort d'une part, la bénédiction et la malédiction d'autre part. Choisissez donc la vie, afin que vous puissiez vivre, vous et vos descendants» (Dt 30:19).

> «Voici ce que déclare le Seigneur: Je vous place à une croisée de chemins; vous avez devant vous la vie ou la mort» (Jé 21:8).

Quiconque recherche vraiment le pardon l'obtiendra, en dépit de ses nombreux manquements. En d'autres termes: l'homme est perdu non à cause de ses péchés, mais parce qu'il le veut bien, puisqu'il refuse de se repentir. Le ciel ne comptera que des volontaires; aucun n'y sera contre son gré.

QD. 6: *Je pense pour ma part que les hommes auront encore une possibilité de salut après leur mort. La grâce de Dieu n'est-elle pas plus grande que ce que vous en avez dit?*

Chaque fois qu'on pense au salut de nos proches encore vivants ou déjà disparus, on ne peut manquer de se poser cette question. Elle comporte plusieurs facettes. Quel sera le sort

- des personnes qui n'avaient qu'une foi superficielle ou fausse?
- de celles qui dans leur église n'ont entendu pour toute

bonne nouvelle que des discours sociaux, souvent très teintés politiquement, et qui ont donc fini par rejeter le christianisme?

- de celles qui se sont données un vernis religieux, mais qui ont mené une vie non conforme aux enseignements de la Bible?

- des gens auprès desquels tous nos efforts d'évangélisation sont demeurés vains parce que nous n'avons pas trouvé le moyen adéquat de les intéresser à la bonne nouvelle du Seigneur, ou parce qu'ils l'ont rejetée?

- de tous ceux qui sont devenus des athées militants ou qui sont devenus la proie des sectes?

- des jeunes en grand nombre à qui l'on enseigne à faire la part des choses dans les affirmations bibliques, et qui de ce fait ne chercheront pas dans les Saintes Ecritures les réponses qu'ils se posent?

- de toutes les personnes qui, indépendamment de leur volonté, n'auront jamais eu l'occasion d'entendre l'évangile?

Les hommes ne sont pas restés indifférents à ces questions angoissantes et ont proposé les réponses les plus diverses; certains envisagent un salut possible après la mort, d'autres excluent catégoriquement la pensée d'une condamnation éternelle. Nous ne mentionnerons que quelques-unes des nombreuses doctrines, souvent contradictoires, qui sont enseignées dans les milieux religieux.

1. Les partisans du *salut universel* prétendent qu'après un temps limité d'expiation, tous les hommes sans exception seront sauvés: *Hitler* comme *Staline*, les francs-maçons, les

nihilistes et tous ceux qui ont pratiqué le spiritisme.
2. L'*Eglise catholique* enseigne que l'âme des défunts doit passer par le Purgatoire avant d'entrer au paradis. C'est à *Augustin* et au pape *Grégoire le Grand* que l'on doit cette doctrine. L'idée que l'on pouvait abréger le séjour des «pauvres âmes» dans le Purgatoire, grâce aux prières des vivants, a donné naissance, au Moyen-Age, au commerce des Indulgences et à la Fête des Trépassés.

3. Les *Mormons* ont la possibilité de se faire baptiser pour des morts et ainsi d'obtenir le salut des incroyants, même s'ils ont vécu il y a plusieurs générations.

4. Chez les *Témoins de Jéhovah*, il n'y a, sauf pour les 144 000, ni ciel ni enfer. Les adeptes de ce mouvement n'ont d'autre espérance que de passer l'éternité sur une nouvelle terre au lieu de jouir de la communion parfaite avec Dieu au ciel. Tous les autres seront anéantis.

5. L'*Eglise néo-apostolique* a instauré un «service pour les morts»; les apôtres nommés par cette Eglise ont le pouvoir d'agir dans le monde des disparus. L'annonce du salut dans l'au-delà s'effectue par le moyen des apôtres décédés qui poursuivent leur œuvre dans le monde des défunts.

6. Pour d'autres sectes moins connues, ceux qui ont cru en Jésus-Christ iront au ciel, tandis que tous ceux qui n'auront pas cru seront anéantis et ne seront donc pas jetés dans un lieu de souffrances éternelles.

7. En s'appuyant sur 1 P 3:18-20, certains pensent que les morts ont l'occasion d'entendre l'évangile. Toutes ces conceptions s'efforcent de rassurer les vivants quant au sort de ceux qui entrent dans l'une ou l'autre catégorie envisagée précédemment - ce qui est fort louable en soi. Mais ce ne sont que des élucubrations humaines sans valeur. Le seul qui puisse nous renseigner valablement, c'est Dieu, et il le fait dans sa Parole. Nous allons donc interroger l'Ecriture pour savoir s'il existe réellement une possibilité de salut après la mort. Comme il s'agit d'une question de la plus haute importance, il est certain que la Bible ne peut nous laisser dans l'ignorance ou dans l'incertitude. De plus, elle seule peut nous mettre en garde contre les fausses doctrines professées par les hommes.

1. Après la mort vient le jugement: A la lumière de la Bible, toutes les tentatives pour faire croire à la possibilité d'un salut *post mortem* ne sont que le produit de l'imagination débridée de l'homme, sans aucun fondement scripturaire. En effet, «tout homme est destiné à mourir une seule fois, et après cela à être jugé par Dieu» (Hé 9:27). Ce principe s'applique indistinctement à tous, à ceux qui ont eu l'occasion d'entrer en contact avec l'évangile d'une manière ou d'une autre, comme à ceux qui ne l'ont jamais entendu: «Nous aurons tous à nous présenter devant Dieu pour être jugés par lui» (Rm 14:10). Ce jugement, Dieu l'a remis à son Fils. Lors de ce jugement, ne seront pris en compte ni les paroles prononcées ni les faits et gestes accomplis de l'autre côté de la tombe, mais uniquement ce qui aura été dit et fait *hic et nunc*: «Car nous devons tous comparaître devant le Christ pour être jugés par lui, afin que chacun reçoive ce qui lui revient, selon ce qu'il aura fait en bien ou en mal pendant qu'il était dans son corps» (2Co 5:10). Nul ne pourra se soustraire à ce jugement: «il jugera le monde entier ...» (Ac 17:31), c'est-à-dire les croyants comme les incroyants, les libres penseurs comme les débauchés, les Juifs comme les païens.

2. Les critères du jugement: il n'y aura rien d'arbitraire dans le jugement divin; il n'y aura ni traitement de faveur ni rigueur injustifiée pour qui que ce soit (1 P 1:17; Rm 2:11). Dieu nous a fait connaître la norme dont il se servira: nous ne serons jugés que d'après les lois qu'il a révélées clairement dans la Bible: «Celui qui me rejette et n'accepte pas mes paroles trouve là ce qui le condamne: c'est l'enseignement que j'ai donné qui le condamnera au dernier jour» (Jn 12:48). Résumons les principaux critères de ce jugement:

a) *La justice de Dieu:* Sachons-le avec certitude: «Il est bien évident que ... le Dieu tout-puissant ne viole pas le droit!» (Jb 34:12), car Dieu est un juge juste (2 Tm 4:8). Le jugement ne connaîtra ni erreur d'interprétation, ni altération des pièces du dossier, car la vérité et la justice sont étroitement imbriquées: «Oui, Seigneur Dieu tout-puissant, tes jugements sont vrais et justes!» (Ap 16:7).

b) *La manière dont les hommes auront utilisé leurs aptitudes:* Aucun homme ne ressemble tout à fait à un autre. Chacun a ses dons propres. Les païens qui n'ont pas été évangélisés ont une connaissance de Dieu inférieure à celle de ceux qui ont entendu l'évangile; ils ne connaissent Dieu que par la création (Rm 1:20) et par leur conscience (Rm 2:15). Un homme riche peut davantage faire du bien et soutenir financièrement la proclamation de l'évangile qu'un pauvre. Celui qui a reçu à sa naissance des dons intellectuels et spirituels nombreux et variés est plus responsable que celui qui n'en a pas reçus. Dieu tiendra compte également des conditions dans lesquelles auront vécu les hommes: celui qui a connu toutes les restrictions d'une dictature ne sera pas jugé comme celui qui a pu jouir d'une totale liberté. «A qui l'on a beaucoup donné, on demandera beaucoup; à qui l'on a confié beaucoup, on demandera encore plus» (Lc 12:48).

c) *Nos oeuvres:* Dieu connaît les actions secrètes de chacun et il «paiera chacun selon ce qu'il aura fait» (Rm 2:6). Dieu jugera les hommes non seulement d'après les oeuvres qu'ils auront accomplies (Mt 25:34-40), mais aussi d'après celles qu'ils n'auront pas accomplies (Mt 25:41-46). Les actions de tous les humains sont consignées dans les livres de Dieu et constituent le support qui servira à nuancer le jugement divin (Ap 20:12-13).

d) *Le fruit que nous portons:* Tout ce que nous accomplissons au nom de Jésus (Lc 19:13) - notre manière d'être et d'agir - est présenté dans la Bible comme un fruit durable (Jn 15:16) et constitue une mesure dont Dieu se servira pour nous juger (Lc 19: 16-27). Les oeuvres mortes seront consumées par le feu (1 Co 3:15), celles qui subsistent seront récompensées (1 Co 3:14).

e) *Notre amour:* L'amour est un fruit particulier, le plus grand de tous les fruits (1 Co 13:13); il est l'accomplissement de la loi (Rm 13:10). Il désigne tout ce que nous auront accompli par amour pour Dieu (Mt 22:37) et par amour pour Jésus (Jn 21:15). Il faut distinguer l'amour désintéressé de l'amour calculé: «Si vous aimez seulement ceux qui vous aiment, pourquoi vous attendre à recevoir une récompense de Dieu?» (Mt 5:46). Simon le pharisien avait bien invité Jésus à entrer dans sa maison, mais il ne lui avait pas donné de l'eau pour se laver les pieds (Lc 7:44). En revanche, la femme pécheresse avait oint les pieds du Seigneur d'un parfum précieux. Elle avait bénéficié d'un grand pardon, c'est pourquoi elle a témoigné en retour beaucoup d'amour à Jésus (Lc 7:47). L'amour est un fruit de l'Esprit (Ga 5:22); il a une portée éternelle.

f) *Nos paroles:* Jésus a fortement souligné l'impact éternel de nos paroles, même si nous n'en avons pas souvent conscience: «Je vous le déclare: au jour du Jugement, les hommes auront à rendre compte de toute parole inutile qu'ils auront prononcée. Car c'est d'après tes paroles que tu seras jugé et déclaré soit innocent, soit coupable» (Mt 12:36-37).

g) *Notre responsabilité:* Dieu nous a créés avec une certaine personnalité et nous a accordé une grande liberté. Nous sommes responsables de l'usage que nous en faisons. Même déchus, nous portons la responsabilité de nos actes. Bien qu'Adam n'ait pas péché par une désobéissance délibérée, mais parce qu'il a été séduit, il a dû assumer toutes les conséquences de sa faute. La séduction en matière de foi est particulièrement tragique, car elle entraîne la perdition éternelle; c'est pourquoi la Bible contient des exhortations pressantes à la vigilance dans ce domaine (Mt 24:11-13; Ep 4:14; Ep 5:6; 2 Tm 2:16-18). Il ne faut donc jamais sous-estimer la gravité du danger des enseignements dispensés par les sectes.

h) *Notre attitude envers Jésus-Christ:* Mais ce qui sera déterminant lors du Jugement, c'est l'attitude que nous aurons adoptée à l'égard de Jésus-Christ: «Celui qui croit au Fils a la vie éternelle; celui qui ne croit pas au Fils ne verra point la vie, mais la colère de Dieu demeure sur lui» (Jn 3:36). Le péché a attiré la condamnation sur l'humanité tout entière (Rm 5:18). Le seul moyen d'échapper à cette condamnation réside dans une relation personnelle et vivante au Fils de Dieu: «Maintenant donc, il n'y a plus de condamnation pour ceux qui sont unis à Jésus-Christ» (Rm 8:1).

3. Le verdict: Tout être sera jugé en fonction des critères précédents. Aucun aspect de sa vie ne sera laissé dans l'ombre. Quelle sera l'issue de ce jugement? L'humanité sera partagée en deux groupes, comme le souligne Jésus en exhortant ses auditeurs à faire le bon choix: «Entrez par la porte étroite! Car large est la porte, facile est le chemin qui mènent à la ruine, et nombreux sont ceux qui les utilisent. Mais étroite est la porte, difficile est le chemin qui mènent à la vie, et peu nombreux sont ceux qui les trouvent» (Mt 7:13-14).

Il n'existe pas de «juste milieu», de voie «intermédiaire» pour les indécis; il n'existe pas non plus de lieu de séjour neutre entre le ciel et l'enfer. A la fin des temps, comme on le constate déjà maintenant, il n'y aura que les sauvés et les perdus. Aux premiers, le Seigneur dira: «Venez, vous qui êtes bénis par mon Père, et recevez le royaume qui a été préparé pour vous depuis la création du monde» (Mt 25:34), tandis que les seconds entendront ces paroles terribles: «Je ne sais pas d'où vous êtes. Eloignez-vous de moi, vous tous qui commettez le mal!» (Lc 13:27). Il y aura parmi ces derniers non seulement des païens et des libres penseurs, mais également des gens qui connaissaient l'évangile du Seigneur Jésus, mais qui n'ont pas voulu l'accepter et lui obéir. Effrayés par les paroles du Seigneur, ils crieront: «Nous avons mangé et bu avec toi, tu as enseigné dans les rues de notre ville» (Lc 13:26).

4. Tirons les conséquences: Après la mort, il n'existe, selon la Bible, aucune possibilité de salut. C'est de son vivant que l'homme doit se décider. C'est pourquoi le Seigneur Jésus a déclaré: «Efforcez-vous d'entrer par la porte étroite!» (Lc 13:24). Au jour du Jugement, Dieu ouvrira les livres dans lesquels sont consignés les moindres détails des actes et des paroles qui auront marqué notre vie terrestre (Ap 20:12). Heureux celui dont le nom sera inscrit dans le livre de vie! Les religions non chrétiennes n'ont aucun pouvoir de salut. Combien parmi les personnes qui n'auront pas accepté l'évangile parce qu'elles ne l'ont pas entendu, mais qui auront néanmoins cherché Dieu (Ac 17:27) et aspiré à la vie éternelle (Rm 2:7), seront sauvées, nul ne le sait. Mais pour nous qui avons entendu l'évangile, si nous laissons passer l'occasion, il n'y a ni excuse ni moyen d'échapper (Hé 2:7). Nous aurons eu la chance d'être sauvés. Nous examinerons plus en détail dans l'appendice comment il faut accepter ce salut.

QD. 7: *Quel est le sort des enfants morts en bas âge avant d'avoir pu se décider pour Christ d'une manière responsable? Qu'en est-il des embryons et des malades mentaux? Sont-ils perdus?*

Une question fondamentale agite les milieux scientifiques: à partir de quel moment l'embryon est-il un être humain? A en croire les courants de pensée du monde séculier, on a l'impression que ce moment est laissé à la libre appréciation de chacun ou à une décision du pouvoir politique. Mais si nous voulons avoir une opinion autorisée et juste sur le point de départ de la vie d'un être humain, il faut interroger l'Ecriture. La vie de l'homme commence à la conception, au moment où le spermatozoïde du père féconde l'ovule de la mère. Chaque fois qu'un embryon se forme et se développe, nous sommes en présence d'une œuvre du créateur: «C'est toi qui as créé ma personnalité, qui m'as tissé dans le ventre de ma mère. Seigneur, merci d'avoir fait de mon corps une aussi grande merveille. Ce que tu réalises est prodigieux, j'en ai bien conscience» (Ps 139:13-14). A Jérémie, Dieu déclare qu'il le connaissait avant même sa naissance et qu'il l'avait choisi pour une mission spéciale: «Je te connaissais avant même de t'avoir formé dans le ventre de ta mère; je t'avais mis à part pour me servir avant même que tu sois né. Et je t'avais destiné à être mon porte-parole auprès des nations» (Jé 1:5).

Retenons: Dès sa conception, l'embryon est un être humain dont la vie, selon de nombreux textes bibliques, ne finira jamais (Lc 16:19-31; Hé 9:27).

Mais où va l'homme après la mort? Le sort de tous ceux qui ont entendu l'évangile et qui étaient en mesure de prendre une décision est clairement défini par l'Ecriture. Dieu a d'ailleurs fait connaître sa volonté d'une manière tout à fait explicite: «Le Seigneur est patient envers vous, car il ne veut pas que qui que ce soit aille à la ruine; au contraire, il veut que tous aient l'occasion de se détourner du mal» (2 P 3:9). Le salut ou la perdition dépendent donc uniquement de la volonté de l'homme. Celui-ci peut décider d'aller soit au ciel, soit en enfer. Il est à la croisée de ces deux chemins (Dt 30:19; Jé 21:8).

Mais les personnes auxquelles la question posée fait allusion n'ont pas la faculté intellectuelle de faire ce choix. Au Moyen-Age s'est forgée la fausse doctrine selon laquelle l'âme des enfants non baptisés et morts en bas âge allait en enfer. Cette conception erronée est la conséquence d'une autre erreur enseignée par l'Eglise médiévale, à savoir que le baptême des nourrissons les sauve. La Bible déclare cependant très explicitement que ce n'est pas le baptême qui sauve mais la foi au Seigneur Jésus (Ac 16:31). De plus, le baptême n'est pas administré aux foetus. La solution au problème posé n'est donc pas le baptême des nourrissons, mais la nature parfaite de Dieu: «Dieu ne commet pas l'iniquité, le Tout-Puissant ne viole pas la justice» (Jb 34:12), car ses jugements sont «vrais et justes» (Ap 16:7) et s'exerceront de façon impartiale (1 P 1:17), sans favoritisme (Rm 2:11). Nous avons donc la certitude que les personnes mentionnées dans la question ne seront pas condamnées, puisqu'elles ne sont nullement responsables de leur état de nourrissons, de foetus ou d'handicapés mentaux. Lorsque des mamans avaient amené des jeunes enfants et des bébés à Jésus, les disciples avaient réagi avec dureté, car ils estimaient que c'était une charge supplémentaire bien inutile pour le Seigneur, déjà bien fatigué par une dure journée. Mais Jésus ne laisse pas passer l'occasion de donner une leçon importante: les petits enfants héritent du royaume de Dieu. Le Seigneur déclare en effet: «Laissez les enfants venir à moi! Ne les en empêchez pas, car le royaume de Dieu appartient à ceux qui sont comme eux» (Mc 10:14).

QD. 8: *Judas n'était-il pas prédestiné à trahir Jésus pour que le salut fût possible?*

Rappelons la vérité centrale: c'est Jésus, et non Judas, qui a rendu le salut possible. Pour cela, il fallait que le Christ meure. Un homme sans péché devait prendre sur lui la condamnation qui aurait dû atteindre tous les hommes à cause de leurs péchés. Conformément au dessein de Dieu, Jésus «a été livré à la mort à cause de nos péchés et il a été ramené à la vie pour nous rendre justes devant Dieu» (Rm 4:25). Mais de nombreuses personnes ont été impliquées dans la crucifixion de Jésus: le Conseil supérieur des Juifs (Mc 14:64), la foule (Jn 19:7; Ac 13:28), Pilate (Mc 15:15) et les soldats romains (Mc 15:24). Judas n'est qu'un maillon de cette chaîne qui va de l'idée de la mise à mort de Jésus jusqu'à sa réalisation. Mais Dieu ne l'a pas «obligé» à livrer le Seigneur. Judas l'a fait sous son entière responsabilité et en pleine liberté. Dans sa prescience, Jésus savait que Judas le livrerait (Jn 13:21-30); c'est pourquoi l'Ancien Testament prophétise cet événement et le décrit avec des détails remarquables (Za 11:12-13). Il est difficile de bien cerner les motifs qui ont poussé Judas à trahir son Maître. Certains pensent que par ce moyen l'apôtre voulait contraindre Jésus à faire éclater sa puissance aux yeux de tout Israël. Judas était loin d'imaginer que Jésus se laisserait mettre à mort sans se défendre. Si de nombreuses personnes ont joué un rôle d'acteur dans la mort du Fils de Dieu, elles n'en sont cependant pas la cause directe et véritable, car Jésus est mort à cause des péchés de toute l'humanité. Chacun d'entre nous porte une responsabilité dans la mort du Christ, car «il était blessé pour nos péchés, brisé pour nos iniquités; le châtiment qui nous donne la paix est tombé sur lui, et c'est par ses meurtrissures que nous sommes guéris» (Es 53:5).

On peut comparer la trahison de Judas au reniement de

Pierre, lorsqu'il se trouve interpellé par une modeste servante. La différence fondamentale entre ces deux hommes ne réside pas dans leur péché, mais dans ce qui l'a suivi. Parce que Pierre a amèrement regretté (il a éprouvé la «tristesse selon Dieu», 2 Co 7:10) d'avoir renié son Maître et s'est repenti, il a obtenu le pardon; si Judas s'était repenti et avait demandé pardon à Jésus, il aurait été pardonné. Mais il ne s'est pas tourné vers le Sauveur; c'est pourquoi la malédiction repose sur son acte: «Certes, le Fils de l'homme va mourir comme Dieu l'a décidé; mais quel malheur pour l'homme qui le trahit!» (Lc 22:22).

QD. 9: *Puis-je encore mettre un enfant au monde, sachant qu'il a une chance sur deux d'être perdu? (Question d'une jeune femme, tout récemment parvenue à la foi)*

Devant la pollution croissante et les risques grandissants de guerre dans un monde surarmé, de nombreux couples hésitent désormais à donner le jour à des enfants. Dans la plupart des pays industrialisés, le taux de fécondité est si faible que le nombre des naissances est à peine supérieur à celui des décès; dans certains pays comme l'ex-République Fédérale d'Allemagne, le taux est même négatif; d'ici la fin du siècle, la population passera de 61 millions d'habitants à 59. *Luther* avait pourtant une autre manière de voir les choses. A la question de savoir ce qu'il ferait s'il savait que la fin du monde interviendrait demain, le célèbre réformateur répondit: «Je planterais un pommier.»

Mais la question posée exprime une grande prise de conscience, à savoir la priorité absolue du sort éternel sur toutes les autres considérations. La réponse tient en deux parties: Que dit la Bible sur le nombre d'enfants qu'un couple doit mettre au monde? Que dit-elle du salut de nos enfants? Selon l'ordre créationnel de Dieu, nous sommes des hommes et des femmes; la première mission confiée au premier couple fut d'être «fécond et de se multiplier» (Gn 1:28). Cet ordre n'a pas été annulé. La capacité de concevoir et d'enfanter est un don de Dieu, comme le sont aussi les enfants: «Voici, des fils sont un héritage de l'Eternel, le fruit des entrailles est une récompense» (Ps 127:3). La Bible considère un grand nombre d'enfants comme une bénédiction: «Les fils qu'un homme a dans sa jeunesse sont comme des flèches dans la main d'un guerrier. Heureux l'homme qui peut en remplir son carquois!» (Ps 127:4-5); «Chez toi, ta femme sera comme une vigne fertile, et tes fils, autour de ta table, comme de jeunes oliviers. Voilà comment est béni l'homme qui est un fidèle du Seigneur» (Ps 128:3-4). Si Dieu accorde des enfants (Gn 33:5), il veut aussi qu'ils soient élevés pour lui:

> «Vous imprimerez dans votre cœur et dans votre âme les commandements que je vous donne... Vous les enseignerez à vos enfants; vous leur en parlerez quand vous serez assis chez vous ou quand vous marcherez le long d'une route, quand vous vous coucherez ou quand vous vous lèverez» (Dt 11:18-19).

Celui qui applique ce sage conseil en récoltera les fruits: «Donne de bonnes habitudes à l'enfant dès l'entrée de sa vie: il les conservera jusque dans sa vieillesse» (Pr 22:6). Nous pouvons donc sans crainte avoir des enfants, car si nous leur donnons cette éducation, ils parviendront à la foi et seront sauvés. Il est bon de pouvoir s'appuyer sur cette merveilleuse promesse de Dieu: «Ceux qui m'aiment, je les aime en retour» (Pr 8:17). Dieu aime particulièrement les jeunes qui le suivent: «Je garde le souvenir de ce que tu étais autrefois. Comme tu m'étais attachée, lorsque tu étais jeune! Comme tu m'aimais quand tu étais ma fiancée! Tu me suivais au désert, dans cette région où rien ne pousse» (Jé 2:2).

Comme croyants, nous pouvons sans crainte avoir des enfants, car la probabilité qu'ils soient perdus n'est pas de 1 sur 2! Les promesses de Dieu sont aussi pour nos enfants, à condition que nous les leur fassions connaître dans leur jeune âge. De nombreux couples chrétiens peuvent témoigner que leurs enfants ont trouvé le salut qu'ils leur avaient enseigné dès la plus tendre enfance.

QD. 10: *Dans la Bible, il est question de l'élection ou de la prédestination. Si de toute éternité les uns sont destinés au salut, les autres à la perdition, peut-on encore parler de liberté de choix?*

C'est à *Augustin* et surtout à *Calvin* que l'on doit l'élaboration de la doctrine de la prédestination. Il s'agit d'une double prédestination, puisque Dieu destine les uns à la foi, les autres à l'incrédulité, les uns au salut, les autres à la perdition. Examinons cette doctrine à la lumière de la Bible.

De notre exposé du salut et du pouvoir de décision de l'homme, on pourrait conclure que seul l'homme est actif dans le processus de son salut, Dieu se bornant à un rôle passif. Mais cette conception n'est pas conforme à la doctrine biblique. Rm 9:16-18 déclare en effet: «Cela ne dépend donc pas de ce que l'homme veut, ni de ses efforts, mais uniquement de Dieu qui a pitié ... Ainsi, Dieu a pitié de qui il veut et il endurcit le cœur de qui il veut.» Le salut est donc bien entre les mains de Dieu. L'homme lui-même est façonné par Dieu comme l'argile entre les mains du potier: «Mais qui es-tu donc, toi, homme, pour contredire Dieu? Le vase d'argile demande-t-il à celui qui l'a fabriqué: ‹Pourquoi m'as-tu fait ainsi?› Le potier peut faire ce qu'il veut avec l'argile: à partir de la même pâte, il peut fabriquer un vase précieux et un vase ordinaire» (Rm 9:20-21). Nous n'avons donc aucun droit au salut. La libre décision de l'homme va de pair avec la libre élection de l'homme par Dieu. L'idée d'élection est solidement étayée avec les textes bibliques suivants:

- Mt 22:14: «Car beaucoup sont appelés, mais peu sont choisis.»

- Jn 6:64-65: «Car Jésus savait depuis le commencement qui étaient ceux qui ne croyaient pas et il savait qui devait le trahir. Il ajouta: ‹Voilà pourquoi je vous ai dit que personne ne peut venir à moi si Dieu ne lui en a pas donné la possibilité›.»

- Ep 1:4-5: «Car Dieu, avant d'avoir fait le monde, nous avait déjà choisis pour être siens en Christ, afin que nous soyons saints et sans défauts devant lui. Dans son amour, Dieu avait décidé par avance qu'il ferait de nous ses fils par Jésus-Christ.»

- Rm 8:29-30: «Car ceux que Dieu a choisis d'avance, il a aussi décidé d'avance de les rendre semblables à son Fils, afin que son Fils soit l'aîné d'un grand nombre de frères. Ceux pour qui Dieu a pris d'avance cette décision, il les a aussi appelés; ceux qu'il a appelés, il les a aussi rendus justes devant lui; ceux qu'il a rendus justes, il leur a aussi donné part à sa gloire.»

- Ac 13:48: «Tous ceux qui étaient destinés à la vie éternelle devinrent croyants.»

Pour bien comprendre la doctrine biblique de l'élection, il faut souligner les points suivants:

1. *Le moment:* L'élection s'est produite à une époque très reculée, bien antérieure à notre existence: avant la création du monde (Ep 1:4), avant notre naissance (Jé 1:5), au commencement (2 Th 2:13).

2. *L'élection en vue d'une tâche particulière:* Dieu choisit des hommes pour des missions spécifiques. Ainsi, il choisit Salomon pour bâtir le temple (1 Ch 28:10), la tribu de Lévi pour le sacerdoce (Dt 18:5); parmi ses disciples, Jésus choisit ceux qu'il établit comme apôtres (Lc 6:13; Ap 1:2); Paul est un «instrument choisi» pour porter l'évangile parmi les païens (Ac 9:15); tous les chrétiens sont choisis pour porter du fruit (Jn 15:16).

3. *L'élection n'est pas fondée sur l'apparence:* Dieu ne choisit pas en fonction des mérites ou des critères humains. Au contraire, son choix se porte souvent sur ce qui est petit et insignifiant: Israël était le plus petit d'entre les peuples (Dt 7:7), Moïse n'avait pas la parole facile (Ex 4:10), Jérémie s'estimait trop jeune (Jé 1:6) et l'Eglise de Jésus-Christ est composée essentiellement des méprisés de ce monde (1 Co 1:27-28).

4. *L'élection concerne le salut, jamais la perdition:* Quelle œuvre Dieu poursuit-il: cherche-t-il à nous sauver ou à nous perdre? L'Ecriture ne laisse planer aucun doute sur les intentions de Dieu: «Je prendrai soin de les regrouper comme le fait un berger lorsque son troupeau est complètement éparpillé. J'irai chercher mes bêtes partout où elles ont été dispersées ...» (Ez 34:12). Jésus a clairement fait connaître la raison de sa venue ici-bas: «Le Fils de l'homme est venu sauver ceux qui étaient perdus» (Mt 18:11). En Jésus-Christ, Dieu est venu chercher les hommes et leur donner la vie éternelle. La volonté de Dieu est entièrement tournée vers le salut des hommes: «Dieu veut que tous les hommes soient sauvés et parviennent à connaître la vérité» (1 Tm 2:4), ce que 1 Th 5:9 exprime en d'autres termes: «En effet, Dieu ne nous a pas destinés à subir sa colère, mais à posséder le salut par notre Seigneur Jésus-Christ.» On constate donc

que l'Ecriture présente un lien étroit entre l'élection et le salut, mais jamais entre l'élection et la perdition. Dieu ne destine donc personne à la perdition. Si Dieu a endurci le cœur du Pharaon, ce n'était pas avant sa naissance, mais seulement après que le monarque égyptien eut endurci lui-même son cœur et décidé délibérément de s'opposer à Dieu. En plusieurs endroits la Bible parle d'un «trop tard», mais nulle part elle n'envisage une prédestination à la perdition. En faisant décapiter Jean-Baptiste, Hérode avait en quelque sorte lui-même tué la voix de Dieu; c'est pourquoi Jésus eut la liberté de ne pas lui répondre (Lc 23:6).
En conclusion: les deux affirmations qui font dépendre le salut de Dieu et de l'homme sont complémentaires: d'un côté, Dieu choisit les hommes pour leur salut, mais de l'autre, les hommes sont tenus pour responsables de la décision qu'ils prennent. Quand le fils prodigue eut pris la décision de retourner à la maison (Lc 15:18), son père vint à sa rencontre pour l'accueillir (Lc 15:20). Lorsque nous nous approprions le salut par une décision librement consentie, alors s'accomplit pour nous la promesse de Dieu: «Je t'aime depuis toujours» (Jé 31:3) et «je t'ai choisi dès avant la fondation du monde» (Ep 1:4). Bien avant que nous ne nous décidions pour lui, Dieu s'est décidé pour nous. Dieu attend et respecte notre libre décision, mais sans sa pitié préalable, nous n'aurions aucune raison d'être acceptés par lui (Rm 9:16). Quant au nombre de ceux pour lesquels il y a convergence entre l'élection divine (Ph 2:13) et la volonté libre de l'homme (Ph 2:12), seul le Seigneur le connaît.

QD. 11: *Pouvez-vous me donner des arguments scientifiques prouvant l'existence de l'enfer? (Question d'une lycéenne)*

Le champ d'application de la science a des limites bien définies que les scientifiques eux-mêmes ont souvent tendance à dépasser. Elle ne peut connaître et expliquer que les phénomènes mesurables du monde matériel. Lorsque les phénomènes ne peuvent pas être mesurés ni exprimés à l'aide de chiffres, la science ne peut rien en dire. Les sciences de la nature doivent donc tenir compte de leurs limites sous peine de perdre leur statut de sciences et de se rabaisser au rang de spéculations. C'est pourquoi la science ne peut fournir aucune information sur l'origine du monde ni sur sa fin. De même, elle ne peut renseigner sur ce qui vient après la mort.

Si la science ne peut rien affirmer sur l'existence de l'enfer, il existe néanmoins un lieu unique capable de nous renseigner d'une manière absolument fiable sur ce sujet: la croix de Golgotha. C'est là qu'est démontrée avec le plus d'éclat la réalité du ciel et de l'enfer. Si tous les humains avaient pour destination finale et automatique le ciel, la croix aurait été superflue. S'il y avait eu une autre religion ou un autre moyen pour communiquer le salut, Dieu n'aurait pas consenti à ce que son cher Fils soit ignominieusement crucifié. La croix est donc bien la preuve indirecte qu'il y a un enfer. Le Seigneur Jésus a tout fait pour que les humains n'aient pas à y aller. Sans l'oeuvre de Golgotha, nous serions tous destinés à l'enfer (Rm5:18). Nous pourrions mettre au pied de la croix l'écriteau suivant: «C'est là que le Fils de Dieu délivre de l'enfer!» Jamais œuvre plus grande que celle de Golgotha n'a été accomplie en faveur des hommes. Le Seigneur Jésus a insisté sur l'amour et la compassion, sur la grâce et la justice, et il a invité de tout coeur ses auditeurs au festin des noces, mais il a réservé ses accents les plus émouvants et les plus sérieux à ses paroles sur l'enfer. Il le décrit comme un abîme sans fond, un lieu «où le ver ne meurt pas et où le feu ne s'éteint pas» (Mc9:44), un endroit de «punition éternelle» (Mt 25:46). Mieux que quiconque il sait de quoi il parle, il sait que l'enfer est une tragique et effroyable réalité; c'est pourquoi il n'hésite pas à se servir d'images qui choquent l'imagination et la raison pour que les hommes évitent à tout prix d'aller dans ce lieu:

«Si donc c'est à cause de ton œil droit que tu tombes dans le péché, arrache-le et jette-le loin de toi; il vaut mieux pour toi perdre une seule partie de ton corps que d'avoir ton corps tout entier jeté en enfer» (Mt 5:29)

«Si c'est à cause de ta main ou de ton pied que tu tombes dans le péché, coupe-les et jette-les loin de toi; il vaut mieux pour toi entrer dans la vraie vie avec une seule main ou un seul pied que de garder les deux mains ou les deux pieds et d'être jeté dans le feu éternel» (Mt 18:8).

E. Questions relatives aux religions

La raison d'être des religions: d'après ce qu'il voit dans la création, chacun peut conclure à l'existence d'un créateur (Rm 1:19-21). Depuis la chute, sa conscience atteste à l'homme qu'il est séparé de Dieu et qu'il vit d'une manière répréhensible. «Ils (les païens) prouvent ainsi que la façon d'agir ordonnée par la loi est écrite dans leur cœur. Leur conscience le montre également, ainsi que leurs pensées qui parfois les accusent et parfois les défendent» (Rm 2:15).

Tous les peuples ont donc cherché à rétablir la communication avec Dieu par le biais des religions. Le mot religion vient du latin *religio*, de la même racine que *re-ligare* qui signifie «relier». Pour renouer le contact avec la divinité, les religions préconisent toutes deux moyens principaux: l'observance de diverses prescriptions inventées par les hommes (rites sacrificiels) et l'attachement à des objets auxquels est conférée une valeur particulière (statuettes dans le bouddhisme, moulins à prières, la Kaaba de La Mecque).

Nous désignerons par ce terme de religions tous les efforts déployés par les hommes pour parvenir à Dieu. L'évangile, quant à lui, présente une démarche opposée: c'est Dieu lui-même qui prend l'initiative de venir parmi les hommes. C'est pourquoi nous n'assimilerons pas l'évangile à une religion.

QE. 1: *Il existe beaucoup de religions; il est impensable que toutes soient fausses. N'est-il pas prétentieux d'affirmer que seul le christianisme conduit à la vie éternelle?*

Aucune religion ne sauve, pas même la religion chrétienne si tant est que l'on considère le christianisme comme une religion. Il n'y a qu'un seul Dieu, celui qui a créé le ciel et la terre. La Bible révèle ce Dieu. Seul Dieu, par sa Parole, peut nous dire en toute vérité ce qui peut nous sauver. S'il avait existé une religion capable de nous sauver de la perdition éternelle, Dieu nous aurait recommandé d'en suivre les préceptes. Mais dans ce cas, la mort de Jésus sur la croix n'aurait pas été nécessaire. Si le Fils de Dieu est mort en sacrifice à Golgotha, c'est que ce moyen était absolument indispensable pour notre salut. La croix nous déclare donc clairement qu'il n'y avait pas de moyen moins coûteux aux yeux du Dieu saint pour expier les péchés des hommes. La mort de Jésus sur la croix marque le jugement de Dieu sur le péché: la seule façon d'être sauvé consiste donc à se tourner vers Jésus et à lui abandonner sa vie. Dans toutes les religions, l'homme doit obtenir son salut par ses propres efforts; en revanche, selon l'évangile, Dieu a tout accompli en son propre Fils, et l'homme n'a plus qu'à recevoir le salut par la foi. C'est ce que déclare explicitement Ac 4:12: «Le salut ne s'obtient qu'en lui (Jésus), car nulle part dans le monde entier Dieu n'a donné aux hommes quelqu'un d'autre par qui nous pourrions être sauvés.» En dehors de Jésus, il n'existe aucun pont entre la terre et le ciel.

Toutes les religions sont des mirages trompeurs dans le désert de l'humanité perdue. Or, jamais le mirage d'une oasis n'a étanché la soif d'un voyageur égaré dans l'étendue désertique. Même la tolérance envers tous les systèmes religieux imaginés par les hommes conduit à la mort (Pr 14:12). L'homme a besoin d'une eau fraîche. L'Ecriture désigne sans l'ombre d'un doute Jésus comme la véritable oasis, comme l'unique planche de salut:

> «Je suis le chemin, je suis la vérité, je suis la vie. Personne ne peut aller au Père autrement que par moi» (Jn 14:6).

«Car les fondations sont déjà en place dans la personne de Jésus-Christ, et aucun homme ne peut en poser d'autres» (1 Co 3:11).

«Celui qui a le Fils a cette vie; celui qui n'a pas le Fils de Dieu n'a pas la vie» (1 Jn 5:12).

QE. 2: *Les chrétiens et les musulmans ne prient-ils pas le même Dieu? (Question d'un musulman)*

Allah, le Dieu des musulmans, est-il le Père de Jésus-Christ? «Non, répond le Coran, Allah n'a pas de Fils. Une telle idée est blasphématoire!» Dans ce cas, le Dieu des musulmans n'est pas mon Dieu. Compte tenu du grand nombre de religions, beaucoup se posent la question de la tolérance: finalement, ne servent-elles pas toutes le seul et même Dieu? Dans l'Ancien Testament, le Dieu de la Bible se déclare unique: «C'est moi qui suis au point de départ, mais aussi à l'arrivée. A part moi, pas de Dieu» (Es 44:6); «Le Seigneur, c'est moi et moi seul. A part moi, pas de sauveur» (Es 43:11). Ce Dieu vivant est le Dieu d'Abraham, d'Isaac et de Jacob; il est le Père de Jésus-Christ (Mc 14:34). Voici les grandes différences entre Allah et le Père de Jésus-Christ:

1. *Les relations entre Dieu et les hommes:* dans l'islam, Dieu ne se révèle pas. Il demeure lointain, inaccessible. Les paroles «Allahu akbar» que répètent fréquemment les musulmans et qui signifient: «Dieu est toujours le plus grand» expriment bien la pensée musulmane: l'homme ne peut pas nouer des relations personnelles avec lui; Allah ressemble à ces grands princes orientaux qui dominent sur leurs sujets et n'ont pas de contact avec eux.

2. *La relation Père-Fils:* pour le musulman, les notions de filiation (nous sommes enfants de Dieu) et de paternité

(Dieu est «Abba, c'est-à-dire Père», Rm 8:15) sont non seulement incompréhensibles mais aussi blasphématoires, car selon l'islam, Dieu est totalement séparé de ce monde.

3. *L'incarnation de Dieu:* l'incarnation de Dieu en Jésus-Christ constitue l'événement central de l'histoire du salut. Dieu n'a pas seulement paru parmi nous, il a aussi pris nos péchés en son corps sur le bois. La doctrine de la rédemption qui en découle reste incompréhensible pour l'islam.

4. *La miséricorde et l'amour de Dieu:* Dieu paie un prix terriblement élevé pour se montrer miséricordieux à l'égard du pécheur: «Par tes fautes, au contraire, tu as fait de moi ton esclave, par tes crimes, tu m'as fatigué» (Es 43:24). Dieu nous témoigne sa compassion parce qu'il nous a rachetés à grand prix (1 Co 6:20; 1P 1:19). La miséricorde d'Allah ne lui a rien coûté; elle est arbitraire.

5. *Dieu est notre assurance:* le musulman ne peut concevoir un Dieu qui lui offre abri, sécurité, paix et assurance du salut: «Car j'ai la certitude que rien ne peut nous séparer de son amour: ni la mort, ni la vie, ni les anges ... rien ne pourra jamais nous séparer de l'amour que Dieu nous a manifesté en Jésus-Christ notre Seigneur» (Rm 8:39). Pour l'islam, il est inconcevable que Dieu puisse s'humilier lui-même jusqu'à la mort sur une croix; inconcevable aussi que son Saint-Esprit puisse remplir notre cœur, inconcevable encore le Retour du Seigneur Jésus avec une grande puissance et dans la gloire.

Il est vrai que, ici et là, le Coran et la Bible affichent des similitudes superficielles concernant la personne de Dieu. Mais un examen plus attentif montre que les deux conceptions sont incompatibles. Les musulmans et les chrétiens n'adorent pas le même Dieu.

QE. 3: *Comment puis-je savoir que l'évangile n'est pas une religion inventée par l'homme, mais une révélation divine?*

Un examen objectif fait apparaître de notables différences entre les religions et l'évangile:

1. Dans toutes les religions, l'homme s'efforce d'atteindre Dieu, mais jusqu'à présent aucun n'a pu honnêtement déclarer: «J'ai établi une relation personnelle avec Dieu, j'ai la paix du cœur, mes fautes sont effacées, j'ai l'assurance de la vie éternelle.» Dans l'évangile de Jésus-Christ, Dieu nous rejoint à notre niveau. La croix enjambe l'abîme que nos péchés ont creusé entre lui et nous, et il nous offre un moyen d'échapper à la condamnation. Quiconque accepte le salut peut confesser: «J'ai la certitude que ni la mort, ni la vie ... ne pourra nous séparer de l'amour de Dieu» (Rm 8:38-39).

2. Toutes les prophéties de l'Ancien Testament relatives au Sauveur se sont accomplies à la lettre (Gn 3:15; Nb 24:17; Es11:1-2; Es7:14, etc.). Aucune religion ne peut arguer de prophéties analogues et de leur accomplissement.

3. Dieu a condamné toutes les religions comme de l'idolâtrie et de la magie (1 Co 6:9-10; Ga 5:19-21; Ap 21:8) et a mandaté son Fils Jésus comme seul Sauveur: «Celui-ci est mon Fils bien-aimé en qui je mets toute ma joie. Ecoutez-le!» (Mt 17:5).

4. En ressuscitant Jésus d'entre les morts, Dieu prouvait qu'il avait accepté et validé le sacrifice de son Fils (Rm 4:24-25). Le tombeau de Christ est le seul tombeau au monde qui soit resté vide: «Pourquoi cherchez-vous parmi les morts celui qui est vivant? Il n'est pas ici; il est revenu de la mort à la vie» (Lc 24:5-6). Tous les fondateurs de religions sont morts et le sont restés.

5. Dans toutes les religions, l'homme s'efforce de réaliser son salut par ses oeuvres. En revanche, l'évangile est l'oeuvre de Dieu. L'homme ne peut absolument pas contribuer en quoi que ce soit à l'oeuvre de salut accomplie à Golgotha: nous sommes rachetés à grand prix (1 Co 6:20).

6. Les religions partent d'une fausse image de l'homme et brossent également un faux portrait de Dieu. Seule la Bible dit qui nous sommes et qui est Dieu. Par nous-mêmes, nous ne sommes pas en mesure de nous transformer au point de devenir agréables à Dieu, car nous sommes privés de la gloire que nous aurions dû conserver (Rm 3:23).

7. Dans aucune religion Dieu ne quitte le ciel pour sauver les hommes. En Jésus, Dieu s'est fait homme: «Celui qui est la Parole est devenu un homme et a vécu parmi nous, plein de grâce et de vérité. Nous avons vu sa gloire, la gloire que le Fils unique reçoit de son Père» (Jn 1:14).
Jésus-Christ n'est donc pas l'alternative à la religion. Il est sa négation et son rejet. Il est le seul chemin vers la maison, la maison du Père céleste (Jn 14:6).

F. Questions relatives à la vie et à la foi

QF. 1: *Pourquoi sommes-nous sur terre?*

Nous ne sommes pas sur terre comme aboutissement d'un processus évolutif, mais parce que Dieu l'a voulu ainsi. Nulle part la Bible ne nous fournit les raisons qui ont pu pousser Dieu à créer l'homme: la solitude? le plaisir de créer? le désir d'avoir des êtres semblables à lui? le besoin d'avoir des créatures qu'il pourrait aimer? Nul ne le sait. Gn 1:26-27 nous rapporte l'intention divine qui a présidé à la création de l'homme: «Dieu dit enfin: Faisons les êtres humains: qu'ils nous ressemblent vraiment! ... Dieu créa les êtres humains à sa propre ressemblance; il les créa homme et femme.» Nous en concluons que nous sommes là parce que Dieu l'a expressément décidé ainsi. Nous sommes des êtres désirés et non des «parasites cosmiques» (*F. Nietzsche*) ou des «vagabonds à la limite de l'univers» (*J. Monod*) ou encore une forme évoluée de quelque animal. Non, nous sommes des créatures voulues de Dieu. La Bible ajoute que nous sommes des créatures aimées de toute éternité: «Je t'aime depuis toujours, c'est pourquoi je te reste profondément attaché» (Jé 31:3); «Dieu a tellement aimé le monde qu'il a donné son Fils unique, afin que tout homme qui croit en lui ne meure pas, mais qu'il ait la vie éternelle» (Jn 3:16). Ce verset prouve en outre que nous sommes destinés à la vie éternelle.

QF. 2: *Quel est le sens de la vie?*

Les humains sont les seules créatures terrestres qui s'enquièrent du sens de la vie. Trois grandes questions nous préoccupent: D'où venons-nous? Pourquoi vivons-nous? Où allons-nous? Nombreux sont ceux qui ont tenté de répondre à ces interrogations. Le philosophe allemand *Hans Lenk* déclare d'emblée que nous n'avons pas à attendre de réponses de la part du philosophe: «La philosophie fournit rarement des réponses de fond définitives. Elle s'intéresse à l'abstrait, pas à la matérialité des choses ni au résultat. Pour elle, il est beaucoup plus important de découvrir une nouvelle perspective problématique que de donner des réponses partielles à une question posée.» L'écrivain français *Blaise Cendrars* a écrit: « ... la vie absurde qui remue ses oreilles d'âne» et *André Malraux*: «Cette auberge sans routes qui s'appelle vie.» Pour *Marcel Aymé*, «la vie, ça finit toujours mal.» Citons encore ces paroles de *Simone de Beauvoir*, compagne de *Jean-Paul Sartre*, athée et avocate de l'existentialisme: «Quel est donc le sens de la vie, si elle doit se terminer dans un néant radical? Pourquoi avoir été? En fin de compte, tout est absurde: la beauté de la vie, les oeuvres humaines, tout. La vie elle-même est absurde.» Même des sciences comme la psychologie, la biologie, la médecine ne peuvent donner de réponses satisfaisantes, car les questions posées ne sont pas de leur ressort.

Pour beaucoup, le sens de la vie consiste:

- à faire le bien. Ils sont légion ceux qui nourrissent une telle philosophie humaniste, pas spécifiquement chrétienne. Certes, il est aussi recommandé aux chrétiens de faire le bien (Ga 6:10; 2 Th 3:13), mais on ne devient pas chrétien en faisant le bien.

- à se réaliser soi-même: le sportif fera tous ses efforts pour décrocher un titre mondial ou une médaille olympique, et l'artiste cherchera la gloire sur les scènes de ce monde.

- à laisser une empreinte durable. Certains se perpétuent à travers leur descendance ou par des oeuvres philanthropiques associées à leur nom. D'autres souhaitent laisser le souvenir de leur passage sur terre dans des poèmes, des mémoires ou des journaux intimes.

Mais sachons que les honneurs terrestres sont éphémères. Après notre mort, nous n'en tirerons plus aucun avantage, car là où nous allons, «nous ne participerons plus jamais à tout ce qui arrive sur la terre» (Ec 9:6).

Puisque notre vie est créée par Dieu, elle n'aura de sens que si elle est vécue avec Dieu et dirigée par lui. Le cœur humain, même comblé de tous les biens de ce monde, reste inquiet, vide et insatisfait, s'il ne repose pas en Dieu. Examinons donc ce qui d'après Dieu donne un sens à notre vie. Nous nous limiterons à trois points essentiels:

1. Dieu fixe comme premier but à notre vie le salut par la foi. Sans la foi au Seigneur Jésus, nous sommes «perdus», autrement dit nous ne savons pas où nous allons, notre vie n'a pas de sens. C'est tellement important que l'apôtre Paul en fait l'élément essentiel de sa réponse au geôlier de Philippes: «Crois au Seigneur Jésus et tu seras sauvé, toi et ta famille» (Ac 16:31). Dieu, en effet, «veut que tous les hommes soient sauvés et parviennent à connaître la vérité» (1 Tm 2:4). Parce que le salut de l'âme prime sur la santé du corps, Jésus a d'abord déclaré au paralysé: «Tes péchés sont pardonnés!» (Mt 9:2).

2. Une fois sauvés, nous devons servir Dieu: «Offrez à Dieu un culte joyeux, présentez-vous à lui avec des cris de joie» (Ps 100:2). Parce que nous sommes devenus disciples de Jésus, notre vie doit inviter ceux qui nous entourent à devenir aussi des disciples (Mt 28:19).

3. «Tu dois aimer ton prochain comme toi-même» (Mt 22:39). En nous donnant ce commandement, Dieu ne nous demande pas seulement d'aimer ceux qui sont au loin, en Afrique du sud ou en Amérique latine, mais de prouver notre amour d'abord à ceux qui vivent autour de nous, nos plus proches: conjoint, enfants, parents, voisins, collègues de travail. Que chacun s'aime soi-même, cela va de soi; mais il faut que l'amour aille aussi dans la direction du prochain.

La Bible considère que tout ce que nous aurons accompli dans la foi, notamment la pratique des choses contenues dans les paragraphes 2 et 3 ci-dessus, constituera le fruit de notre vie. Contrairement à tous les succès passagers, ce fruit demeure (Jn 15:16). Dieu s'attend à le récolter à la fin de notre vie et nous demandera comment nous aurons fait fructifier le talent qu'il nous a confié (la vie, le temps, l'argent, les dons, Lc 19:11-27). Même le verre d'eau froide que nous aurons donné au nom de Jésus aura une portée éternelle (Mt 10:42).

QF. 3: *Comment intégrer ma foi dans la vie quotidienne?*

Celui qui croit de tout son cœur au Seigneur Jésus changera radicalement sa manière de vivre. Ce changement s'observera principalement dans trois directions:

1. La rupture d'avec le péché: Une fois convertis, nous avons obtenu le pardon de tous nos péchés et allons mener une vie nouvelle qui rompt avec l'ancienne, marquée par le péché. En tant que chrétiens nouveau-nés, nous ne sommes pas exempts de péchés, mais ce qui autrefois était normal et prévisible est aujourd'hui accidentel. L'obéissance aux commandements divins, qui n'apparaissent plus seulement comme des interdits mais aussi comme une force vitale pour une vie réussie, modifie radicalement la trajectoire de notre vie. Cette nouvelle orientation est une preuve de notre amour pour Dieu (1 Jn 5:3); pour notre prochain, nous sommes «une lettre de Christ» (2 Co 3:3) susceptible d'être lue par n'importe qui.

2. La vie quotidienne dans la foi: Celui qui croit en Christ et règle sa vie d'après les prescriptions de la Bible trouvera dans les Saintes Ecritures des conseils utiles et applicables à toutes les situations de la vie courante. Nous ne mentionnerons ci-après que quelques-unes des nombreuses exhortations bibliques. Comme ce paragraphe est consacré à la traduction pratique de la foi dans la vie quotidienne, il n'est pas surprenant qu'on trouve de nombreux textes de l'Ancien Testament, notamment du livre des Proverbes et de celui de l'Ecclésiaste. Nous subdiviserons ces recommandations en deux parties: a) celles qui concernent notre propre personne et b) celles qui s'appliquent à nos relations avec autrui.

a) *Vis-à-vis de nous-mêmes*

- le corps (Rm 13:14; 1 Co 3:17; 6:19)
- la nourriture et la boisson (Pr 23:20)
- le mode alimentaire avant la chute: (Gn 1:26)
- le mode alimentaire après le déluge (Gn 9:3-4; 1 Co 8:8; Col 2:16; 1 Tm 4:3-5)
- le sommeil (Ps 4:9; Pr 6:6-11; 20:13; Ec 5:11)
- le travail nécessaire (Ex 20:9-11; 23:12; Pr 6:6-11; 14:23; 18:9; 21:25; Ec 3:13; 10:18; 2 Th 3:10)
- le travail comme principe de vie (Ec 2:3-11)
- le salaire des ouvriers (Es 65:23; Jé 22:13; Lc 10:7)
- les loisirs (Pr 12:11b)
- l'acquisition de l'argent et des biens (Ec 4:6; 1 Tm 6:6-8; Hé 13:5)
- la recherche effrénée des biens terrestres (Ec 2:2-11)
- les biens matériels (Mt 6:19; Pr 10:22)
- la richesse (Pr 11:28; 13:7; 14:24; Ec 5:18)
- la construction (Ps 127:1; Jé 22:13)
- le sport (1 Co 9:24-25; 1 Tm 4:8)

- les soucis (Ps 55:23; Pr 12:25; Ph 4:6; 2 Tm 2:4; 1 P 5:7)
- la sexualité dans le mariage (Pr 5:18-19; Ec 9:9; 1 Co 7:3-6)
- la sexualité hors mariage (Pr 5:20-23; 6:24-32; Jé 5:8-9; Hé 13:14b)
- le péché (Gn 4:7; Ps 65:4; Lm 3:39; Jn 20:23; 1 Jn 1:9; 5:17; Hé 12:1)
- l'alcool (Ps 104:15; Pr 23:30-35; 20:1; Ep 5:18; 1 Tm 5:23)
- l'usage de la langue (Ps 119:172; Pr 12:14,22; 14:3+5; 18:20-21; 25:11; Ep 5:19; Col 4:6; Jc 1:19; Hé 13:16)
- la tentation (1 P 1:6-7; Jc 1:2, 12)
- les accusations de la conscience (1 Jn 3:20)
- la colère (Ep 4:26)
- l'usage du temps (Lc 19:13b; 1 Co 7:29; Ep 5:16)
- les pensées (Ph 2:5)
- les rêves (Ec 5:6)
- la joie et la gaieté (Ps 118:24; Pr 15:13; 17:22; Ph 4:4; 1 Th 5:16)
- la recherche du bien d'autrui (Mt 22:39)
- la mesure juste (Pr 11:1, 24; 20:10)
- sa propre philosophie ou sa propre religion (Pr 14:12)
- la jeunesse (Ps 119:9; Ec 11:9; 12:1)
- la vieillesse (Ps 71:9)
- la mort (Jb 14:5; Ps 88:4; Ec 8:8)

Conseils bibliques à suivre dans les situations suivantes:

- la maladie (Ec 7:14; Jc 5:14-16)
- la détresse (Ps 46:2; 50:15; 77:3; 73:21-28; 107:6-8; Ph 4:19)
- la dépression (Ps 42:6; 119:25)
- la crainte de l'homme (Ps 56:12; 118:6, 8; Pr 29:25)
- le malheur (Es 45:7; Lm 3:31-37; Am 3:6)
- les activités journalières (Ec 9:10; Col 3:17)
- la générosité (Pr 11:24-25; Ec 11:1; Ml 3:10; 2 Co 9:6-7)

- la caution (Pr 6:1-3; 11:15; 17:18)
- les gages (Ex 22:25-26)
- la recherche de signes (Ps 37:5; 86:11; 119:105)
- la recherche d'un conjoint (CdC 3:1; Am 3:3; 2 Co 6:14)
- la souffrance pour la justice (1 P 3:14)
- les fausses doctrines (Col 2:8; 2 P 3:17; 1 Jn 4:6)
- les projets (Ec 9:10; Ph 4:13; Col 3:23)

b) *Vis-à-vis d'autrui*

- le conjoint (Ep 5:22-28; 1 P 3:1-7; Hé 13:4)
- les enfants (Dt 6:7; Pr 13:1; Ep 6:4; Col 3:21; 1 Tm 3:12)
- les parents (Ex 20:12; Pr 6:20; 30:17; Ep 6:1-3)
- les amis (Mi 7:5)
- la femme pieuse et courageuse (Pr 12:4a; 31:10-31)
- la femme sotte et querelleuse (Pr 11:22; 12:4b; 21:19)
- les ennemis (Pr 25:21-22; 30:17; Mt 5:22, 44; Rm 12:14)
- les méchants (Pr 1:10; 24:1-2; 1 P 3:9)
- les insensés (Pr 9:8; 23:9)
- les croyants (Rm 12:10; Ga 6:2, 10b; Ep 4:32; Ph 2:4; 1 P 3:8-9)
- les incroyants (Mt 10: 32-33; Ac 1:8; Col 4:5; 1 P 2:12, 15)
- le conseiller (Pr 15:22)
- les concitoyens (Mt 22:39; Ga 6:10a; 1 Jn 4:17-18)
- les pasteurs (Hé 13:7)
- les malades (Mt 25:36; Jc 5:14-16)
- le médecin et la médecine (Mt 9:12; 1 Tm 5:23)
- les étrangers et les hôtes (Mt 25:35; Rm 12:13; Hé 13:2)
- les pauvres (Pr 3:27; 19:17; Mt 25:34-40)
- les égarés (Jc 5:19)
- les faux docteurs (1 Jn 4:1-3; Jude 23)
- les sceptiques (Jude 22-23)
- les veuves (1 Tm 5:3; Jc 1:27)
- ceux qui pleurent et ceux qui rient (Pr 17:22;Rm 12:15)
- les personnes âgées (Lv 19:32; Pr 23:22; 1 Tm 5:1)
- les morts (Ec 9:5-6)

c) *attitude à adopter vis-à-vis*

- de l'église (Ac 2:42; Hé 10:25)
- de la création (Gn 1:28)
- de l'Etat (Mt 22:21; Rm 13:1-7; 1 P 2:13)
- d'Israël (Za 2:12)

3. Dans le monde, sans être du monde: Jésus n'a pas caché à ses disciples l'opposition qu'ils rencontreraient dans le monde: «Mais je vous ai choisis et tirés du monde, et vous n'appartenez pas au monde: c'est pourquoi le monde vous hait» (Jn 15:19). Celui qui croit au Seigneur Jésus continue certes à vivre sur la terre comme tous les hommes, mais la manière dont il mène sa vie - en conformité avec les commandements bibliques cités au paragraphe 2 - a aussi des prolongements dans l'au-delà, par son comportement vis-à-vis du Père et vis-à-vis du Fils:

a) *Attitude à l'égard de Dieu et de Jésus-Christ*:

- aimer Dieu (Dt 6:5; Ps 31:24; Mt 22:37)
- le reconnaître (Ps 46:11)
- croire en lui (Hé 11:6)
- penser à lui (Pr 3:5-6; Ec 12:1)
- pratiquer ses commandements (Ec 12:13; Mi 6:8)
- le remercier (Ps 107:8; Ep 5:20; Col 4:2)
- le louer et le célébrer (Ps 103:1-2; Ep 5:19b)
- chanter en son honneur (Ps 68:5; 96:1)
- l'invoquer (Ps 50:15)
- l'adorer (Mt 4:10b)
- s'approcher de lui (Jc 4:8)
- aimer le Seigneur Jésus (Jn 21:16; 2 Co 5:6; 2 Tm 4:8)
- l'invoquer (Ac 7:58; Rm 10:13)
- le louer et le célébrer (Ap 5:12)
- le recevoir (Jn 1:12)
- croire en lui (Mc 16:16; Jn 11:25-26; Ac 16:31; 1 Jn 3:23)

- le connaître toujours mieux (Ep 4:13)
- lui obéir (2 Co 10:5; 1 P 1:22)
- le suivre (Lc 14:27; 14:33)
- le servir (Ep 6:7)
- entretenir une communion avec lui (Jn 15:2; 1 Co 1:9; 11:23-29; 1 Jn 1:3)
- demeurer en lui (Jn 15:4)
- prier en son nom (Jn 14:13-14; Ac 7:58; Ep 5:20)

b) *adopter un comportement spirituel*

- faire du royaume de Dieu la priorité des priorités (Mt 6:33; Col 3:2)
- faire fructifier les dons reçus (Ps 126:5-6; Lc 19:13)
- porter le fruit de l'Esprit (Ga 5:22; Ep 5:9)
- amasser des trésors dans le ciel (Mt 6:20)
- propager la Parole de Dieu (2 Co 5:20; 1 Th 1:8)
- faire ce qui est agréable à Dieu (Ep 5:10; 1 Th 2:4)
- annoncer l'évangile (Mt 28:19-20; Ph 1:27; 1 Tm 6:12)
- cultiver la communion avec les chrétiens (Mt 18:20; Ac 2:42)
- vivre dans la sainteté (1 Th 4:3; 2 Th 2:13; Hé 12:14)
- se nourrir abondamment de la Bible (Jos 1:8; Ps 119:162; Col 3:16)
- se fixer des objectifs spirituels (Ps 39:5; Ph 3:14)

QF. 4: *Je fais souvent les mêmes rêves qui me troublent. Ont-ils quelque chose à m'enseigner?*

Il existe trois types de rêves:

1. *Les rêves inspirés par Dieu:* la Bible rapporte des rêves dans lesquels Dieu a parlé aux hommes, par exemple à Joseph (Mt 1:19-25). Dans certains cas, celui qui rêvait reconnaissait explicitement que c'était Dieu qui communiquait avec lui (par exemple Salomon, dans 1 R 3:5-15, ou Daniel, dans Dn 7); dans d'autres, Dieu envoyait à celui qui avait fait un rêve particulier un messager pour lui en donner l'interprétation; ainsi Joseph reçut la faculté de donner la signification des rêves faits par le panetier et par l'échanson (Gn 40). Par conséquent, les rêves que Dieu suscite pour nous parler ne peuvent pas nous troubler ni nous effrayer; au contraire, ils se révéleront rapidement comme des moyens d'encouragement ou de mise en garde dans des situations particulières. Mais ce moyen de communication de la volonté de Dieu reste extrêmement rare et exceptionnel.

2. *Les rêves sans signification particulière:* La plupart des rêves sont fugitifs et n'ont pas de signification: «Tel un rêve, il (l'homme impie) s'envole, et sa trace est perdue comme s'évanouit une vision nocturne» (Jb 20:8). Il faut se méfier de ceux qui interprètent les rêves symboliquement: «Les devins font de fausses révélations, les rêves qu'ils racontent sont sans valeur» (Za 10:2). Le livre apocryphe de *Sirach* contient d'intéressantes réflexions sur les rêves:

> «Les espérances vaines et trompeuses sont pour l'insensé
> Et les songes donnent des ailes aux sots.
> C'est saisir une ombre et poursuivre le vent
> Que de s'arrêter à des songes.
> Miroirs et songes sont choses semblables:
> En face d'un visage paraît son image.
> De l'impur que peut-on tirer de pur?
> Du mensonge que peut-on tirer de vrai?
> Divination, augures, songes, autant de vanités,
> Ce sont là rêveries de femme enceinte.
> A moins qu'ils ne soient envoyés en visiteurs du Très-Haut,
> N'y applique pas ton cœur.
> Les songes ont égaré beaucoup de gens,

Ceux qui comptaient dessus ont échoué.
C'est sans mensonge que s'accomplit la Loi
Et la sagesse est parfaite dans la sincérité»

(Si 34:1-8)

3. *Les rêves reflètent des situations mal gérées.* Le subconscient peut parfois engendrer des rêves qui, de toute évidence, sont liés à des événements passés: craintes que l'on n'a pas su vaincre, culpabilité non avouée, épisodes de la vie douloureux (souvenirs de guerre, peur d'examens, crises conjugales). C'est probablement à ce type de rêves que se réfère la question posée. Une relation d'aide appropriée peut progressivement faire disparaître ces rêves. Comme ils sont généralement associés à un sentiment de culpabilité, il conviendra de proposer à la personne qui en souffre le pardon comme remède efficace.

QF. 5: *Qu'est-ce que le péché?*

Avant même qu'elle n'emploie le mot de péché, la Bible a raconté l'histoire de son introduction dans le monde (Gn 3:1-13). Elle emprunte donc un chemin qui va du fait concret à sa théorie, et non l'inverse. Partant du fait réel, elle établit la doctrine. Le péché s'est glissé dans le monde par le moyen de la question: «Dieu a-t-il réellement dit?» (Gn 3:1). Le péché traduit donc une attitude opposée à la volonté de Dieu. Les Dix Commandements (Ex 20:1-17) et le Sermon sur la Montagne (Mt 5-7) constituent d'excellents miroirs qui mettent en évidence notre tendance à pécher. Celui qui ne connaît pas la Parole de Dieu ne sait pas quelle est sa volonté; il vit donc de manière chronique et permanente dans le péché. La première mention du mot «péché» (en hébreu *chattah*) exprime l'idée d'une cible manquée (Gn 4:7). C'est également le sens du mot grec «hamartia». Le mot «péché» a aussi les sens suivants: écart, déformation (*awon*), méchanceté, bassesse (*raa*), violence (*chamas*), mauvais sentiments (*räscha*).Le non-respect de la justice est déjà péché: «Malheur à toi, Joaquim; tu te fais construire un palais sans respecter la justice!» (Jé 22:13). Le Nouveau Testament donne du péché la définition suivante: «Tout acte qui ne vient pas de la foi est péché» (Rm 14:23). Pour *H. Bezzel*, le péché c'est tout ramener à soi. Dans Jn 16:9, Jésus identifie le péché général de l'homme à l'absence de toute relation personnelle avec lui: «... parce qu'ils ne croient pas en moi.» Le péché, c'est la grande perturbation dans les relations entre Dieu et l'homme. Celui qui ne veut pas corriger l'erreur de trajectoire, par le repentir et le pardon (1 Jn 1:9), celui-là connaîtra le terme tragique de cette erreur: «Le salaire du péché, c'est la mort (éternelle)» (Rm 6:23). Beaucoup de nos semblables mettent la santé au premier rang de leurs préoccupations: ce serait louable s'ils considéraient le péché comme la plus terrible maladie, celle qui conduit immanquablement à la mort.

QF. 6: *D'après la Bible, un homme et une femme peuvent-ils vivre ensemble sans être mariés? Qu'est-ce qui fait le mariage: l'engagement d'un couple de vivre ensemble? La première relation sexuelle? La décision prononcée par le représentant de l'Etat ou de l'Eglise?*

Avant de répondre à cette question de plus en plus brûlante à notre époque, il convient d'énoncer cinq grandes vérités bibliques qui lui sont liées. Ce faisant, nous éviterons de faire reposer la solution du problème posé sur un seul verset; nous lui préférons le contexte plus vaste de l'enseignement biblique sur le mariage.

1. *Mariage et sexualité.* Dieu a institué le mariage dans l'ordre créationnel. L'union d'un homme et d'une femme est donc le résultat de sa bonne et sage volonté: «Il n'est pas bon que l'homme reste seul. Je vais lui faire une aide qu'il aura comme partenaire» (Gn 2:18). Cette alliance est valable pour toute la vie (Mt 19:6), comme le souligne d'ailleurs la formule légale: «jusqu'à ce que la mort vous sépare.» Dieu avait précisé la nature de cette union et sa condition préalable: «C'est pourquoi l'homme quittera père et mère pour s'attacher à sa femme, et ils deviendront tous deux un seul être» (Gn 2:24). «Un seul être» ou «une seule chair» désigne avant tout l'union sexuelle, mais cette expression concise s'étend à l'union des personnes tout entières et englobe donc non seulement le corps, mais aussi l'âme et l'esprit. Un homme et une femme, qui ont vécu jusqu'à présent chacun de leur côté selon un certain mode de vie, vont expérimenter la relation la plus intime qui soit. Ils seront un dans leurs sentiments et leurs pensées, dans leur vie physique et dans leur vie spirituelle. La sexualité est un don de Dieu; la Bible ne fait pas de la procréation le seul but du rapport sexuel:

> «Ne vous refusez pas l'un à l'autre, à moins que, d'un commun accord, vous n'agissiez ainsi momentanément pour vous appliquer à la prière ...» (1 Co 7:5).
>
> «Réjouis-toi toujours de vivre avec celle que tu as choisie dans ta jeunesse, et rends-la heureuse. Ta femme est aimable, et gracieuse comme une gazelle. Que son corps te comble toujours de joie. Sois sans cesse heureux de son amour» (Pr 5:18-19).
>
> «Jouis de la vie avec la femme que tu aimes» (Ec 9:9).
>
> L'Ecriture nous enseigne une attitude équilibrée vis-à-vis de la sexualité: ni pruderie (Ct 4), ni libertinage (Jé 5:8). L'amour et l'honneur réciproques sont les indispensables garde-fous (Col 3:19; 1 P 3:7).

2. *Le mariage et l'église sont des institutions divines.* Il existe ici-bas plusieurs formes de vie communautaire conformes à la volonté divine: le couple et la famille, l'Église et l'Etat (Rm 13:1-7). Mais de ces types de vie sociale, le mariage et l'Église de Jésus-Christ ont une importance à part: ils sont des institutions spécifiques de Dieu, et par conséquent nullement des inventions humaines comme on le prétend parfois. On comprend alors pourquoi ces deux institutions sont particulièrement attaquées dans notre monde impie (1 Tm 4:3; Ap2:9). Depuis l'origine, aucune culture n'a pu s'imposer et subsister sans le mariage. Les hommes n'ont rien proposé de mieux; malgré les assauts dont elle est la cible et les fautes humaines qui la défigurent, cette institution divine subsistera toujours, car elle est fondée sur la providence de Dieu pour l'humanité. Il en est de même de l'Église: Jésus a formellement déclaré que les portes de l'enfer ne pourront rien contre elle (Mt 16:18).

3. *Le mariage comme symbole.* La Bible compare souvent la foi et la relation personnelle de l'homme avec Dieu à un mariage: «Oui, comme un jeune homme épouse une jeune fille, ainsi celui qui te rebâtit sera un mari pour toi. De même aussi qu'une fiancée fait la joie de son fiancé, tu feras la joie de ton Dieu» (Es 62:5). Le Nouveau Testament aussi se sert de l'image du mariage pour illustrer la relation de Christ avec son église: «Maris, aimez vos femmes de la même façon que le Christ a aimé l'Eglise et donné sa vie pour elle» (Ep 5:25). Cette analogie est considérée par l'Ecriture comme un «grand mystère» (Ep 5:32). Ce parallèle est riche de leçons: puisque l'union de Christ avec son Eglise ne prend jamais fin, ainsi l'union entre un homme et une femme est pour la vie. Tout mariage déchiré entraîne une déformation de l'image de Dieu et détruit le symbolisme du mariage. C'est pourquoi Jésus-Christ répond sans la moindre ambiguïté par un «non» à la question du divorce (Mt 19:6-9).

4. *L'adultère comme symbole.* De même que la Bible compare la relation de Dieu avec son peuple à un mariage d'amour et de fidélité, de même elle présente la conséquence de la chute et l'adoration des divinités comme un adultère ou une prostitution:

> «As-tu remarqué ce qu'a fait Israël-la-volage? Elle s'est rendue sur n'importe quelle hauteur, sous n'importe quel arbre vert et s'y est livrée à la prostitution ... Elle a commis l'adultère avec les dieux de pierre et de bois, et par sa conduite légère elle a souillé le pays» (Jé 3:6,9).

> «Ah, tes adultères, tes cris de désir, ta honteuse prostitution! Je les ai bien vus sur les collines des campagnes, tes abominables idoles!» (Jé 13:27).

5. *Qu'est-ce que la prostitution?* Nos mots de *prostitution* et de *fornication* ou de *débauche* correspondent au mot grec néo-testamentaire *porneia*, qui a donné «pornographie». Le «débauché» ou l'«impudique» (grec *pornos*) désigne non seulement l'adultère mais aussi l'homosexuel (1 Co 6:9); il vise également toute relation sexuelle en dehors du cadre établi par Dieu, c'est-à-dire le mariage (1 Co 6:18; 1 Th4:3). Il englobe donc:

- les relations sexuelles préconjugales (Dt 22:28)
- les relations sexuelles avec une autre femme que sa femme légitime (Lv 18:20; Je 5: 8-9; Mt 5:32)
- l'homosexualité (Gn 19:5; Rm 1:26-27; 1 Tm 1:10)
- l'inceste (1 Co 5:1)
- les rapports sexuels avec des animaux (Lv 18:23)

Tous ceux qui pratiquent ces vices sont sous le coup d'une sévère condamnation de Dieu:

> «Ne vous y trompez pas: les gens immoraux, adorateurs

d'idoles, adultères, pédérastes n'auront pas de place dans le Royaume de Dieu» (1 Co 6:9).

«Dieu jugera les gens immoraux et ceux qui commettent l'adultère» (Hé 13:4).

«Mais hors de la ville les êtres abominables, ceux qui pratiquent la magie, les gens immoraux, les meurtriers, les adorateurs d'idoles et tous ceux qui sont menteurs, en paroles et en actes!» (Ap 22:15)

En conséquence: *Ces textes bibliques fournissent une réponse claire à la question posée. La vie commune d'un couple non marié est assimilée à des relations sexuelles préconjugales ou extra-conjugales, c'est-à-dire à de la prostitution et à ce titre, elle l'exclut du Royaume de Dieu, à moins que les intéressés ne se détournent de ce péché et ne s'en repentent.*

A partir de quel moment un couple est-il réellement marié? Dans notre société de plus en plus déchristianisée qui bafoue les commandements de Dieu, on observe un nombre toujours croissant d'hommes et de femmes qui vivent ensemble en union libre, sans engagement précis pris devant l'autorité légale. Même si leur union a toutes les apparences du mariage, elle n'en est pas un. Il nous semble que ce type de vie sexuelle entre dans le cadre de ce que nous avons décrit au point n° 5 précédent.

A la lumière de la Bible, nous dirons donc:

- Le mariage ne commence pas au moment où un homme et une femme envisagent de partager leur vie. Jacob voulait prendre Rachel pour femme. Lorsque les sept années convenues pour obtenir Rachel furent passées, Jacob dit à Laban: «Le délai est écoulé. Donne-moi ma femme. Je veux l'épouser» (Gn 29:21). Le texte dit plus littéralement: «Je veux aller vers elle», c'est-à-dire avoir des rapports sexuels avec elle. En d'autres termes: avant le mariage, Jacob n'avait pas eu de relations sexuelles avec Rachel, et les deux jeunes gens ne furent considérés comme mariés qu'après la cérémonie officielle.

- Un couple n'est pas marié parce qu'il a eu des rapports sexuels. En Israël, lorsqu'un homme avait couché avec une jeune fille vierge, il devait alors l'épouser et payer la dot habituelle (Dt 22:28-29). Les relations sexuelles n'étaient pas permises avant le mariage officiel.

Définition du mariage: Il y a mariage devant Dieu lorsqu'un homme et une femme ont respecté les lois rituelles du mariage de la société dans laquelle ils vivent.

Cette définition découle de tous les exemples de mariage, même les plus reculés, contenus dans la Bible. C'est ainsi que l'on procède pour découvrir l'enseignement biblique sur n'importe quel sujet: de tous les cas individuels examinés, on tire la leçon générale. Cette définition doit évidemment tenir compte des lois et des mœurs de la civilisation environnante. L'important est que tous sachent d'une manière claire et officielle que deux êtres viennent de se lier l'un à l'autre par le mariage. Ils ne peuvent donc plus être demandés en mariage. Si un homme convoite une femme mariée ou si un homme marié convoite une femme non mariée (ou vice versa), il commet un adultère, d'après le Sermon sur la Montagne (Mt 5:28). A la femme samaritaine rencontrée au puits de Jacob, Jésus déclara que l'homme avec lequel elle vivait n'était pas son mari (Jn 4:18). Si le fait d'avoir couché avec lui avait automatiquement fait de lui son mari, Jésus n'aurait pas prononcé de telles paroles. La Bible ne donne pas de conseils sur la forme extérieure de la cérémonie du mariage. On remarque toutefois qu'elle parle du jour des noces, ce jour précis à partir duquel l'homme et la femme s'appartiennent mutuellement et officiellement. A l'époque d'Abraham (Gn 24:67), la cérémonie du mariage se déroulait autrement que du temps de Samson (Jg 14:10-30) ou du temps de Jésus (noces de Cana, Jn 2:1-11). En France, le seul mariage reconnu est celui célébré par l'officier de l'état civil. C'est donc celui que Dieu approuve pour nous.

QF. 7: *Croire, ce n'est ni «voir» ni «savoir» avec une certitude absolue. Comment pouvez-vous alors affirmer que la foi est une certitude?*

De nombreux philosophes se sont penchés sur la question de la foi. Ils nous ont livré des réflexions très divergentes, mais qui expriment des points de vue personnels et non une idée neutre sur le sujet.

Point de vue critique: Le philosophe athée *Théo Löbsack* déclare: «La foi s'appuie sur des idées préconçues et rejette les acquis de la science qui les contredisent. C'est pourquoi, en fin de compte, la foi est la mort de la science.» *Kant* s'exprime de façon analogue: «J'ai dû mettre la science de côté pour faire de la place à la foi.» Cette conception antibiblique a fait de *Kant* l'inspirateur de nombreuses écoles de philosophies totalement opposées à la foi. Au mur de la nouvelle école supérieure de Norf, près de Neuss (Allemagne), on peut lire: «Ne te fie pas à celui dont le Dieu est au ciel». Telle est la conséquence ultime à laquelle aboutit la raison critique.

Point de vue positif: Isaac Newton, l'un des plus grands savants de tous les temps, a déclaré: «Celui qui réfléchit peu ne croit pas en Dieu, celui qui réfléchit beaucoup ne peut que croire en Dieu.» Le célèbre philosophe et mathématicien *Blaise Pascal* exprime une conviction similaire: «De même que toutes choses parlent de Dieu à ceux qui le connaissent et le cherchent, à ceux qui l'aiment, de même toutes choses le cachent aux yeux de ceux qui ne le cherchent pas et ne le connaissent pas.»

Ces deux points de vue opposés montrent clairement que la foi ne dépend pas de l'incertitude ou de l'ignorance, mais uniquement des préjugés personnels. Ce ne sont pas des arguments philosophiques qui ont le pouvoir de changer ces a priori, mais uniquement la démarche vers Jésus-Christ, démarche que la Bible nomme conversion. Pour les inconvertis, les questions relatives à la foi sont folie (1 Co 1:18); ils sont incapables de les comprendre (1 Co 2:14). Celui qui a été saisi par Jésus-Christ est conduit dans toute la vérité (Jn 16:13), sa foi repose sur un solide fondement (1 Co 3:11); elle est d'ailleurs ce qu'il y a de plus certain:

> «Avoir la foi, c'est être sûr de ce que l'on espère, c'est être convaincu de la réalité de ce que l'on ne voit pas» (Hé 11:1).

QF. 8: *La nouvelle naissance appelle-t-elle nécessairement un signe extérieur?*

Conversion et nouvelle naissance (ou régénération) décrivent le mécanisme de notre salut. La conversion désigne la part de l'homme, et la régénération celle de Dieu. La conversion est donc l'aspect humain, la régénération l'aspect divin du même processus. Jésus dit à Nicodème, venu le voir un soir: «Personne ne peut voir le Royaume de Dieu s'il ne naît pas de nouveau» (Jn 3:3). La nouvelle naissance est donc absolument indispensable pour quiconque veut entrer au ciel. Comme la naissance biologique, la nouvelle naissance est un phénomène où l'être est passif. Par la naissance naturelle, nous venons au monde et devenons citoyens de cette terre. De la même façon, nous devenons citoyens des cieux par une naissance. Pour la différencier de notre première naissance, physique, la Bible nomme la naissance qui nous vaut la vie éternelle la nouvelle naissance.

Par la repentance, nous nous détournons de notre vie de péché et, par notre conversion, nous nous tournons vers Christ. Celui qui, de tout son être, revient à Dieu ressemble au fils prodigue qui revient à la maison. Dieu l'y accueille en lui donnant une vie nouvelle, la vie éternelle: c'est la régénération. Cette expérience ne s'accompagne pas nécessairement de signes extérieurs spectaculaires; mais le nouveau mode de vie ne manquera pas de se manifester par la qualité de son fruit, le fruit de l'Esprit: amour, joie, paix, patience, bienveillance, bonté, fidélité, douceur et maîtrise de soi (Ga 5:22-23).

QF. 9: *Vous vous adressez à nous comme si Dieu lui-même vous avait envoyé vers nous. Que répondez-vous?*

Si vous attendez que l'évangile vous soit annoncé par un ange, vous risquez d'attendre toute votre vie. L'oeuvre du salut, Dieu l'a accomplie en Christ; son annonce, en revanche, il la confie aux hommes. La volonté de Dieu, c'est que les disciples de Jésus obéissent à l'ordre de mission qu'il leur a donné: faire de toutes les nations des disciples en leur faisant connaître les vérités bibliques (Mt 28:19-20). Nous pouvons donc nous présenter au nom du Seigneur, créateur du ciel et de la terre, car «nous sommes ouvriers avec Dieu» (1 Co 3:9). Tous ceux qui croient en Jésus-Christ sont appelés à travailler avec Dieu. Ils seront d'ailleurs jugés en fonction de ce qu'ils auront fait de l'évangile qui leur avait été confié (Lc 19:11-27). A l'extérieur d'un pays, le personnage de rang le plus élevé chargé de représenter son gouvernement, c'est l'ambassadeur. Il a les pleins pouvoirs pour intervenir au nom du gouvernement qui l'a accrédité. C'est à ce noble rang que nous a élevés le Fils de Dieu, c'est cette très importante mission qu'il nous a confiée, car il est écrit: «Nous faisons donc les fonctions d'*ambassadeurs* pour Christ, comme si Dieu exhortait par nous; nous vous en supplions au nom de Christ: soyez réconciliés avec Dieu!» (2 Co 5:20). Dans Lc 10:16, Jésus avait déclaré à ses disciples: «Celui qui vous écoute, m'écoute.» Notre légitimité ne repose donc pas sur une décision humaine, mais sur un ordre de Dieu.

QF. 10: *Que pensez-vous de la génétique?*

Le génie génétique permet de combiner de nouveaux gènes, ce qui ouvre la possibilité de modifier le patrimoine génétique des êtres vivants en vue d'applications précises. La chirurgie génétique s'efforce aujourd'hui de créer des bactéries qui, grâce à l'introduction en elles d'un gène étranger (de mammifères ou d'êtres humains) permettent la production de substances médicales ou techniques intéressantes (par exemple les hormones ou des vaccins). Le premier médicament obtenu par la technique génétique fut l'hormone de l'*insuline*, indispensable pour le traitement du diabète. On incorpore dans une bactérie le gène humain responsable de la production d'insuline. L'insuline ainsi fabriquée est en tout point identique à celle produite de façon normale par le corps humain sain. Parmi les autres applications du génie génétique, mentionnons les cultures transgéniques pour l'amélioration des qualités nutritionnelles de certaines plantes et leur meilleure résistance, la lutte contre les maladies génétiques par l'incorporation d'un gène sain dans les chromosomes de l'être humain à soigner. Les bienfaits de cette technique sont indéniables. Mais là aussi, il faut se dire que ces progrès sont ambivalents. Avec un marteau, on peut enfoncer un clou dans un mur, mais on peut également fracasser le crâne d'une personne. Même une application bien intentionnée du génie génétique ne nous permet pas encore de connaître les conséquences à long terme.

Dieu a sanctionné la folle entreprise humaine de Babel en suscitant le désordre dans la langue parlée par les hommes jusqu'alors. La construction de cette tour n'était qu'un signe de ce que Dieu redoutait: «Rien désormais ne les empêchera de réaliser tout ce qu'ils projettent» (Gn 11:6). Dieu laisse l'homme libre d'accomplir des choses qu'il vaudrait mieux ne pas faire. Il aurait mieux valu que l'homme n'ait pas la faculté de construire des chambres à gaz dans lesquelles il a anéanti un nombre considérable de ses semblables. Il aurait mieux valu qu'il n'ait pas la liberté d'inventer la bombe atomique qui a réduit en cendres deux immenses villes, ou des systèmes politiques qui asservissent les hommes. Aujourd'hui, l'homme a les moyens d'aller sur la lune, de transplanter des organes et de manipuler des gènes. Le savant qui ne tient pas compte de Dieu se considère comme autonome et n'impose aucune restriction à son champ d'investigation. Il sera jugé d'après ses actes. Par contre, celui qui croit en Dieu limitera ses recherches à ce qui est permis par la Bible et évitera de faire n'importe quoi, même si c'est dans le domaine du possible. Par l'ordre donné au premier couple: «multipliez!» (Gn 1:28), Dieu associe les êtres humains au processus de la création. Il a donné à l'homme et à la femme qui s'unissent sexuellement le pouvoir de procréer. Mais Dieu reste néanmoins le créateur: «Quand j'étais encore informe, tu me voyais» (Ps 139:16). Dans les manipulations génétiques, l'homme touche au processus créé par Dieu: les gènes modifiés dans l'œuf fécondé peuvent se transmettre dans les générations suivantes d'une façon irréversible. Cette manipulation comporte donc des risques incalculables et imprévisibles. *Ch. Flämig*, dans une vision utopique, estime que le but de la génétique est la création d'un surhomme: «Les plus grands esprits de l'humanité vont développer des méthodes génétiques capables de créer de nouvelles propriétés, de nouveaux organes et de nouveaux métabolismes qui serviront les intérêts, le bonheur et la splendeur de ces futurs êtres semblables à Dieu, dont nous autres, misérables créatures, sommes aujourd'hui les médiocres précurseurs.» La poursuite d'un tel but fait de l'homme un Prométhée qui brave Dieu:

«Me voici en train de façonner des hommes
A mon image;
Une race qui me ressemble
Capable de souffrir, de pleurer,
De jouir et de se réjouir
Et qui ne prête pas attention à toi
Comme moi!» (*Goethe*)

QF. 11: *Quelle a été l'attitude de Jésus à l'égard des mouches et des taons? Les a-t-il écrasés?*

On sait à quel point *Albert Schweitzer* avait le respect de la vie. Cette attitude, appliquée au seul monde des humains, sauverait chaque année la vie d'environ 80 millions de fœtus, victimes des avortements pratiqués dans le monde entier. *Schweitzer* allait au-delà du seul respect de la vie humaine; quand il se promenait dans la forêt vierge, il évitait autant que possible de marcher sur un insecte. L'hindouisme interdit la mise à mort de quelque animal que ce soit, car cette religion enseigne qu'après sa mort, l'homme peut revenir sur terre sous la forme d'un animal. Voilà pourquoi en Inde il y a huit fois plus de rats que de gens. Le besoin alimentaire de ces rats pose un problème insoluble et les dégâts causés sont indescriptibles. La loi mosaïque: «Tu ne tueras pas» s'applique exclusivement à l'homme (Ex 20:13).

On ne peut l'étendre à l'animal puisque Dieu permet à l'homme de s'en nourrir (Gn 9:3). La loi encore plus sévère énoncée par Jésus dans le Sermon sur la Montagne (Mt 5:21-26) ne vise en aucun cas le règne animal.

Nous n'avons aucune raison de penser que Jésus a adopté l'attitude préconisée par l'hindouisme, ou qu'il ait agi comme *Schweitzer* ou comme *Saint François d'Assise* qui, dit-on, s'infligeait un châtiment corporel lorsqu'il avait écrasé un insecte. La Bible nous dit comment nous comporter à l'égard des animaux. Au commencement, «tout était très bon» (Gn 1:31) dans la création. Il n'y avait donc ni maladies, ni mort, ni insectes nuisibles, ni bêtes sauvages et dangereuses. La chute a radicalement modifié cet état et perturbé aussi le monde animal. Désormais, il y aura différentes catégories d'animaux: les animaux purs et les impurs (Gn 7:2). On constate l'existence de bêtes «malfaisantes» (Lv 26:6) et d'animaux utiles que la loi mosaïque ordonne de protéger (Ex 20:10, 17). D'après Dt 25:4, l'Israélite ne devait pas mettre une muselière qui aurait empêché le bœuf foulant le blé de se nourrir. Le péché fit perdre à d'autres animaux leur rôle initial auprès de l'homme et ils devinrent nuisibles. La Bible cite notamment les sauterelles, les mouches, les chenilles, les grenouilles et la vermine qui, en raison de leur grand nombre, sont souvent les instruments des jugements divins (Ex 10:12; Ps 78:45-46; 105:30-35; Jl 2:25; Am 4:9). Le serpent et les scorpions symbolisent des puissances hostiles à l'homme, mais Dieu peut l'en préserver (Nb 21:8-9, Lc 10:19); ils peuvent aussi recevoir de Dieu leur pouvoir pour châtier les hommes (Nb 21:6; 1 R 12:11).

La plupart des maladies sont provoquées par des micro-organismes (virus, bactéries, parasites). Lorsque Jésus guérissait les malades, il tuait sans aucun doute ces organismes vivants et nuisibles. Nous nous faisons une fausse image de Christ si la création - non réelle - que nous imaginons ne correspond pas à celle - bien réelle - qu'il gouverne. Dans sa toute-puissance, Jésus maîtrise les puissances hostiles comme le vent et la tempête (Mt 8:27), la maladie et la mort (Mt 8:3; Jn 11:43-44), les démons et les esprits mauvais (Lc 11:14). Jésus est venu à la fois comme fils de Dieu et fils de l'homme. «Il est devenu semblable aux hommes, il a paru dans une situation d'homme» (Ph 2:7). Comme tous les hommes, il a été confronté aux différentes situations de la vie; à ce titre, il a su ce qu'étaient les piqûres de moustiques et de taons, les essaims de mouches et de guêpes. Mais la Bible ne nous dit jamais explicitement comment il a traité ces insectes. Cependant, compte tenu de ce que nous avons dit plus haut, il n'y a aucune raison de penser qu'il ne les aurait pas tués ou chassés.

G. Questions relatives à la mort et à l'éternité

QG. 1: *Y a-t-il une vie après la mort?*

Les gigantesques pyramides d'Egypte témoignent des connaissances, des techniques et de l'architecture d'alors, et sans doute davantage encore de la croyance de ces hommes en une vie après la mort. Il n'existe aucune civilisation ni aucun peuple qui n'ait eu une telle croyance, pas même les athées. A la mort du révolutionnaire nord-vietnamien *Ho Chi Minh* (1890-1969), on lut son testament devant les personnalités marquantes des différents partis communistes. «Je vais retrouver les camarades *Marx, Lénine* et *Engels*», y était-il écrit. Comment expliquer cette croyance universelle? Dieu «a mis dans le cœur de l'homme la pensée de l'éternité» (Ec 3:11). Pour nous, la mort est un mur par-dessus lequel nous ne pouvons pas voir. Mais quelqu'un a fait une brèche dans ce mur, et il est revenu «d'outre-tombe». Il s'agit du Seigneur Jésus, mort sur la croix, mis au tombeau et ressuscité d'entre les morts le troisième jour. Celui qui a triomphé de la mort nous donne l'assurance que notre existence ne se termine pas dans la mort. Il nous a donné une preuve éclatante de la réalité du ciel et de l'enfer. Nous sommes des créatures destinées à l'éternité, mais seule la foi en lui nous garantit la vie éternelle: «Je suis la résurrection et la vie. Celui qui croit en moi vivra, même s'il meurt» (Jn 11:25).

QG. 2: *Qu'est-ce que la vie éternelle? Comment se la représenter?*

Le mot «vie» traduit en fait deux mots très différents du NT: *bios* et *zoä*. Bios désigne la vie biologique, celle de l'homme comme celle de toute autre créature vivante. Cette vie s'écoule rapidement, comme un fleuve, comme un rêve, comme une fleur qui fane (Ps 90:5; 103:15). Job déclare: «L'homme n'est rien d'autre que l'enfant de la femme. Sa vie sera donc brève et remplie de tourments. Comme la fleur, il s'épanouit, et puis se fane; comme l'ombre qui passe, il est bientôt parti» (Jb 14:1-2). Ailleurs, la vie est comparée à une vapeur: «Vous êtes, en effet, comme un léger brouillard qui apparaît un instant et disparaît ensuite» (Jc 4:14).

Otto von Bismarck a dit un jour: «La vie est comme la dentition: on attend toujours la dent définitive, et on s'aperçoit soudain qu'on les a déjà toutes perdues.» Le poète *F.Hebbel* a écrit: «La vie est une amande amère enveloppée dans sept épaisseurs de papier doré.» L'essayiste *Adolf Reitz* a défini la vie comme «une fosse commune de tous les espoirs et de toutes les déceptions.» La Bible nous donne de la vie une toute autre perspective. Chez tous ceux qui découvrent la vie comme un merveilleux don de Dieu et qui la consacrent à suivre le Seigneur, elle prend une autre dimension et correspond au «zoä» grec. C'est la vie de Dieu, la vie abondante, la vie la plus réelle qui soit, la vie éternelle. Jésus-Christ est venu dans ce monde pour nous donner la vie éternelle. Celle-ci est donc directement liée à sa personne: c'est en lui que nous la découvrons et la recevons. Jésus affirme dans l'Evangile selon Jean: «Je suis la vie (éternelle)» (grec *zoä*, 14:6). L'apôtre Jean identifie lui aussi la vie éternelle à Jésus lorsqu'il écrit: «Quand cette vie (grec *zoä*) est apparue, nous l'avons vue; c'est pourquoi nous vous en parlons et nous vous annonçons la vie éternelle qui était auprès du Père et qui nous a été révélée» (1 Jn1:2). Celui qui croit au Seigneur Jésus et le reçoit comme Seigneur possède du même coup la vie éternelle (1 Jn5:12). Puisque Dieu nous a promis la vie éternelle (1 Jn2:25), notre vie présente repose sur un fondement éternel. Ceci explique pourquoi, à cause de leur foi en Jésus, les disciples ont enduré la persécution, la prison, la torture et même la mort sans renier leur Seigneur. La vie éternelle ne sera pleinement manifestée qu'après la résurrection: «Beaucoup de gens qui dorment au fond de la tombe se réveilleront, les uns pour la vie éternelle, les autres pour la honte, pour l'horreur éternelle» (Dn 12:2). Dans cette vie présente, nous n'avons pas seulement la promesse de la vie éternelle, nous sommes déjà participants de la plénitude, de la nature et de la gloire de Dieu et de Jésus-Christ. Quand la foi fera place à la vue, alors nous contemplerons face à face le Seigneur Jésus et son Père.

QG. 3: *Quand la vie éternelle commence-t-elle?*

La Bible dit clairement qu'il n'y a que deux façons de passer l'éternité: dans la vie éternelle ou dans la perdition éternelle. C'est pourquoi la plus grande perte pour l'homme consiste à vivre sans Jésus-Christ et à mourir sans lui. Jn 3:15 déclare formellement: «... afin que tout homme qui croit en lui ait la vie éternelle.» La vie éternelle ne nous est donc pas accordée après la mort, mais au moment même où nous nous convertissons: «Celui qui croit au Fils a la vie éternelle» (Jn 3:36). Cette foi porte le sceau de la résurrection de Jésus d'entre les morts et repose donc sur un fondement assuré et inébranlable. Dieu tient beaucoup à ce que nous ayons une telle assurance en nous: «Je vous ai écrit cela afin que vous sachiez que vous avez la vie éternelle, vous qui croyez au nom du Fils de Dieu» (1 Jn 5:13).

QG. 4: *Comment peut-on imaginer le ciel?*

Le pouvoir imaginatif de tous les hommes réunis ne suffirait pas pour décrire la gloire du ciel. Paul a eu le privilège unique de pouvoir contempler le troisième ciel (2 Co12:2).

Dans un autre contexte, l'apôtre parle de la sagesse cachée de Dieu, mais révélée par l'Esprit déjà sur terre à ceux qui l'aiment: «Ce que nul homme n'a jamais vu ni entendu, et ce à quoi nul homme n'a jamais pensé, Dieu l'a préparé pour ceux qui l'aiment» (1 Co2:9). Combien plus ces paroles peuvent-elles s'appliquer à la gloire de Dieu encore invisible pour nous et au ciel. L'Ecriture ne brosse pas un tableau complet du ciel, mais elle en esquisse de multiples aspects que nous allons considérer ci-après. La foi en saisit l'avant-goût, la contemplation dépassera tout ce que l'on peut concevoir.

1. *Le ciel: un royaume.* Tous les royaumes de la terre sont éphémères et leur puissance est limitée. L'empire napoléonien n'a duré que quelques années; le troisième Reich allemand, qui devait subsister pendant mille ans, n'a vécu que 12 ans et s'est effondré dans un bain de sang et de feu. Le ciel, lui, est un royaume éternel (2 P1:11) qui n'aura pas de fin. C'est un «royaume inébranlable» (Hé 12:28), la patrie céleste après laquelle soupiraient les patriarches (Hé 11:16), un royaume dans lequel la seigneurie absolue de Dieu et de son gouvernement parfait sera universellement reconnue. Ceux qui appartiennent au Christ régneront éternellement avec lui (Ap 22:5; Lc 19:17+19).

2. *Le ciel: la maison du Père.* Contrairement à toutes les demeures et à tous les appartements d'ici-bas que le temps se charge de réduire en ruines, le ciel subsiste éternellement. «Car nous n'avons pas ici-bas de cité qui dure toujours; nous cherchons la cité qui est à venir» (Hé 13:14), celle que Dieu lui-même a préparée (Hé 11:16b),celle que le Seigneur Jésus façonne: «Il y a beaucoup d'endroits où demeurer dans la maison de mon Père et je vais vous préparer une place» (Jn 14:2). Tous ceux qui appartiennent à Christ y ont droit de cité; ils sont «de la famille de Dieu» (Ep 2:19). Le «Notre Père» commence ainsi: «Notre Père qui es aux cieux ...» (Mt 6:9); dans la prière dite sacerdotale, Jésus s'adresse ainsi à son Père: «Père ... je désire qu'ils soient avec moi là où je serai afin qu'ils voient ma gloire» (Jn 17:24). Le ciel est notre demeure parce que c'est là que Dieu habite (Gn 24:7; Ps 115:3; Mt 6:9). C'est également le lieu où le Seigneur Jésus se trouve; il en est descendu pour venir sur terre (Jn 3:13; 6:38) et il y est retourné lors de son ascension (Lc 24:51; Ac1:11). Il en reviendra avec puissance et une grande gloire pour prendre les siens.

3. *Le ciel: notre patrie.* Au cours de la dernière guerre, des millions de personnes ont dû quitter leur patrie démantelée ou simplement annexée. Chaque conflit armé a ainsi contraint des familles entières à fuir et à devenir des apatrides. C'est une souffrance qu'il ne faut pas sous-estimer, car nous sommes tous attachés à notre pays. «Malheur à celui qui n'a pas de patrie!» s'est écrié *Nietzsche* en se plaignant de la perte de sa maison. Nous n'avons ici-bas qu'une patrie temporelle; c'est pourquoi Paul écrit aux Philippiens: «Quant à nous, nous sommes citoyens des cieux, et nous attendons ardemment que vienne des cieux notre Sauveur, le Seigneur Jésus-Christ» (3:20).

4. *Le ciel: demeure de la joie.* Les mariages célébrés sur terre donnent toujours lieu à des réjouissances particulières. La Bible décrit souvent le ciel comme l'endroit des noces et de la joie éternelle: «Réjouissons-nous et soyons heureux, rendons-lui gloire! Car le moment des noces de l'Agneau est arrivé et son épouse s'est préparée» (Ap 19:7). Jésus-Christ, l'Agneau de Dieu qui a porté le péché du monde et l'a expié sur la croix, est désormais l'Epoux et l'Eglise sa fiancée. Celle-ci est composée des rachetés de tous peuples, de toutes tribus, de toutes langues et de toutes races: «Des hommes viendront de l'est et de l'ouest, du nord et du sud et prendront place à table dans le Royaume de Dieu» (Lc 13:29).

5. *Le ciel: un lieu sans péché.* Notre monde gémit sous les conséquences du péché: peines, détresses, douleurs, lamentations, maladies, guerres et mort. Au ciel, «il ne se trouvera plus rien qui soit frappé par la malédiction de Dieu» (Ap 22:3). Dieu sera tout en tous et fera toutes choses nouvelles: «Il essuiera toute larme de leurs yeux. Il n'y aura plus de mort, il n'y aura plus ni deuil, ni lamentations, ni douleur. Les choses anciennes auront disparu» (Ap 21:4). Cette espérance permet à Paul de supporter patiemment les épreuves présentes: «J'estime que ce que nous souffrons dans le temps présent ne peut pas se comparer à la gloire que Dieu nous révélera» (Rm 8:18).

6. *Le ciel: lieu du couronnement.* Tout ce que, dans ce monde, nous accomplissons au nom du Seigneur Jésus a des conséquences jusque dans l'éternité, car de telles oeuvres ont un caractère permanent. Voilà pourquoi Paul peut écrire à la fin de sa vie: «J'ai combattu le bon combat, je suis allé jusqu'au bout de la course, j'ai gardé la foi. Et maintenant, le prix de la victoire m'attend: c'est la couronne de justice que le Seigneur, le juste juge, me donnera au jour du Jugement. Et il ne la donnera pas seulement à moi, mais à tous ceux qui attendent avec amour le moment où il apparaîtra» (2 Tm 4:7-8). Le Seigneur glorifié fait allusion au même événement lorsqu'il déclare: «Sois fidèle jusqu'à la mort, et je te donnerai la couronne de vie» (Ap 2:10).

7. *Le ciel: notre objectif.* Le but le plus élevé qui soit proposé aux hommes, c'est d'atteindre le ciel par la foi en Jésus-Christ. L'apôtre Pierre a ce but en vue lorsqu'il écrit: «Vous l'aimez, bien que vous ne l'ayez pas vu; vous croyez en lui, bien que vous ne le voyiez pas maintenant; c'est pourquoi vous vous réjouissez d'une joie glorieuse, si grande qu'elle ne peut pas s'exprimer par des paroles, car vous obtenez ce qui est le but de votre foi: le salut de vos âmes» (1 P 1:8-9).

Appendice

Compléments concernant la Bible

Les paragraphes suivants traiteront de points importants liés à la Bible. Pour faciliter les recherches du lecteur, nous avons subdivisé ce chapitre en plusieurs sections consacrées chacune à un aspect particulier.

I. Thèses fondamentales

Nous procéderons comme dans la recherche scientifique, c'est-à-dire que nous formulerons des thèses précises solides qui serviront de support à notre argumentation. Il faut toutefois noter qu'en raison de sa nature unique - la Bible est la Parole de Dieu - on ne peut pas lui appliquer exactement les mêmes critères qu'aux faits scientifiques. Tenant compte de cette réserve, nous allons donc rassembler l'essentiel des affirmations touchant la Bible. Ce faisant, nous voulons aider le lecteur qui ne connaît pas encore grand-chose du «Livre des livres» à s'aventurer résolument dans sa lecture et son étude. Les thèses se présenteront sous la forme d'affirmations brèves et concises qui seront ensuite étayées avec de nombreuses citations bibliques. Il existe plusieurs expressions pour désigner la Bible ou les différents livres qui la composent: Parole de Dieu (Rm 10:17), parole du Seigneur (1 S15:23), le livre du Seigneur (Es 34:16), le livre (Jé 30:2), la parole de l'Ecriture (Lc 4:21), l'Ecriture (Mt 21:42), les Saintes Ecritures (2 Tm 3:15), l'Ancien et le Nouveau Testament (2 Co 3:14; Lc 22:20).

I.1 L'origine de la Bible

A. *La Bible est la seule source d'information écrite révélée et garantie par Dieu.* «C'est moi, le Seigneur Dieu d'Israël, qui te parle maintenant. Note bien par écrit tous les messages que je t'ai communiqués» (Jé 30:2). Remonté dans la gloire, le Seigneur donne à Jean l'ordre suivant: «Ecris ceci, car mes paroles sont vraies et dignes de confiance» (Ap 21:5). L'homme ne doit donc ni ajouter ni retrancher quoi que ce soit à la Bible (Ap 22: 18-19). Tous les autres livres qui prétendent être des révélations divines (comme le *Livre de Mormon* ou le *Coran*) sont des inventions humaines. Ga 1:8 déclare que la révélation biblique est unique et que toute altération de ce message divin par les hommes sera sévèrement sanctionnée: «Eh bien! si quelqu'un - même si c'était nous ou un ange venu du ciel - vous annonçait une Bonne Nouvelle différente de celle que nous vous avons annoncée, qu'il soit maudit!»

B. *L'origine de la Bible est humainement inexplicable,* même lorsqu'elle se présente comme tout autre ouvrage humain, conçu et mis en forme par un auteur (Lc 1:1-4). La manière dont Dieu a communiqué les informations aux auteurs humains de la Bible demeure un mystère insondable. Les expressions: «Je (Dieu) mets mes paroles dans ta bouche» (Jé 1:9), «Le Seigneur m'adressa la parole» (Ez 7:1), ou «c'est Jésus-Christ qui me l'a révélée» (Ga1:12) nous montrent bien qu'avec la Bible, nous sommes en présence d'une communication particulière des oracles divins, sans pouvoir dire pour autant avec certitude comment l'homme a reçu le message de Dieu.

C. *La Bible est un livre inspiré par Dieu.* Elle se déclare elle-même inspirée de Dieu: «**Toute** Ecriture est inspirée de Dieu (litt. *theopneustos*, insufflée par Dieu, donnée par Dieu et le Saint-Esprit) ...» (2 Tm 3:16). La source ultime de la Bible, c'est le Père, le Fils et l'Esprit-Saint:

a) *Dieu le Père*: «Autrefois, Dieu a parlé à nos ancêtres à plusieurs reprises et de plusieurs manières par les prophètes, mais dans ces jours qui sont les derniers, il nous a parlé par son Fils» (Hé 1:1-2).

b) *Jésus-Christ*: «Prenez donc garde! ne refusez pas d'écouter celui (Jésus) qui vous parle. Ceux qui ont refusé d'écouter celui qui leur donnait sur la terre l'avertissement divin n'ont pas échappé à la punition. A bien plus forte raison, nous ne pourrons pas y échapper si nous nous détournons de celui (Jésus) qui nous parle du haut des cieux» (Hé 12:25).

c) *Le Saint-Esprit*: «... c'est parce que le Saint-Esprit les guidait que des hommes ont parlé de la part de Dieu» (2P1:21).

D. *La Bible est un livre humain.* La Parole de Dieu nous est transmise dans des «vases terrestres». Les réflexions concernant les voies impénétrables de Dieu, sur son amour et sa miséricorde incommensurables nous sont communiquées dans un langage humain, limité; néanmoins, ces mots sont «esprit et vie» (Jn 6:63).

I.2 La véracité de la Bible

A. *La Bible* **est** *l'indéfectible vérité:* «Ta parole **est** la vérité» (Jn 17:17). L'Ancien Testament ne dit pas autre chose: «Dieu n'est pas un homme pour mentir, il n'est pas un être humain pour changer d'opinion. Il n'affirme jamais rien sans tenir parole; ce qu'il promet, il le réalise» (Nb 23:19). Dans Jn 14:6, Jésus n'affirme pas seulement qu'il dit toujours la vérité, il prétend être la vérité personnifiée. «La vérité est infiniment plus grande et plus profonde que la justice», a écrit *Manfred Hausmann*.

B. *Jésus et la Parole de Dieu sont étroitement unis.* Jésus-Christ est indissociable de la Parole de Dieu (Jn 1:1-4; Ap 19:13).

Pendant sa vie sur terre, Jésus était à la fois pleinement homme et pleinement Dieu. Il était fils de l'homme et Fils de Dieu. «Il est devenu semblable aux hommes, il a paru dans une situation d'homme» (Ph 2:7), **mais** contrairement à tous les autres humains, il était sans péché. Il en est de même de la Bible. Elle ressemble aux autres livres, elle comporte de nombreux genres littéraires,mais contrairement à tous les autres livres, elle est la Parole de Dieu, sans aucune erreur, toujours absolument vraie (Ps 119:160; Pr 30:5).

C. *Il n'y a pas de degrés entre la vérité des écrits bibliques déjà fixés et la vérité en train de se fixer sous la plume des auteurs inspirés.* On ne peut donc pas opposer l'Ancien Testament au Nouveau Testament ou vice versa, ni les Evangiles aux lettres pauliniennes, car tous les écrits ont nécessité une révélation (Ga 1:11). Mais les textes n'ont pas tous une égale importance. La profondeur de pensée exprimée dans Jn 3:16 ne peut se comparer aux détails de navigation donnés dans Ac 27:13; le récit de la création dans Gn 1 a une portée beaucoup plus grande que l'énumération des Juifs rentrés de l'exil (Esd 2).

I.3 Les preuves de la véracité biblique

A. *Les déclarations de la Bible sont vérifiables.* Dieu ne demande pas une foi aveugle, «la foi du charbonnier». Il propose à l'homme plusieurs moyens de vérifier par lui-même la vérité des affirmations bibliques:

1. *La preuve par l'expérience vécue.* Jésus a déclaré qu'on pouvait éprouver la véracité de la Parole de Dieu en la mettant en pratique: «L'enseignement que je donne n'est pas de moi, mais vient de Dieu qui m'a envoyé. Celui qui est disposé à faire ce que Dieu veut saura si mon enseignement vient de Dieu ou si je parle par ma seule autorité» (Jn 7: 16-17).

2. *La preuve par la liberté.* Jésus a dit que l'erreur asservit; l'Histoire lui donne raison, car qui pourrait nier le rôle opprimant de certaines idéologies et des nombreuses sectes? Par contre, l'obéissance à ses préceptes affranchit: «Si vous obéissez fidèlement à mon enseignement, vous êtes vraiment mes disciples; ainsi, vous connaîtrez la vérité et la vérité vous rendra libres» (Jn 8:31-32).

3. *La preuve par l'essai.* La meilleure façon de connaître le goût d'une orange, c'est encore de la déguster! Il en est de même de la Bible. Pour l'apprécier, il faut la lire et l'accepter. Les discussions sur la Bible ne remplaceront jamais son étude intensive. Les habitants de Bérée avaient adopté une attitude exemplaire: «Ceux-ci avaient de meilleurs sentiments que les Juifs de Thessalonique; ils reçurent la Parole de Dieu avec beaucoup de bonne volonté. Chaque jour, ils étudiaient les Ecritures pour voir si ce que Paul disait était exact» (Ac 17:11).

4. *La preuve par le résultat.* Dieu s'est engagé à faire réussir la vie de celui qui observe sa Parole: «Répète sans cesse les enseignements du livre de la loi et médite-les jour et nuit de façon à observer tout ce qui y est écrit. Alors tu mèneras à bien tes projets et ils réussiront» (Jos 1:8).

5. *La preuve par l'écoute.* Une promesse particulière est liée à l'écoute de la Parole de Dieu. Celui qui écoute la prédication biblique avec un esprit bien disposé parvient à la foi: «Ainsi, la foi vient de ce qu'on écoute le message et le message est l'annonce de la parole du Christ» (Rm 10:17).

6. *La preuve par notre nature pécheresse.* Ce sont probablement les textes décrivant notre nature corrompue qui nous interpellent le plus. Quiconque est honnête vis-à-vis de lui-même reconnaît sans peine la justesse du diagnostic que la Bible pose sur lui: «Car il n'y a pas de différence entre eux:

tous ont péché et sont privés de la présence glorieuse de Dieu» (Rm 3:23). Personne sans doute n'oserait prétendre que la déclaration de 1 Jn 1:8 ne s'applique pas à lui: «Si nous disons que nous sommes sans péché, nous nous trompons nous-mêmes et la vérité n'est pas en nous.»

Remarque: Les arguments précédents montrent que la Bible se révèle vraie seulement à celui qui s'y soumet. Elle demeure impénétrable à quiconque veut uniquement satisfaire son intellect ou refuser délibérément de lui obéir (1 Co 1:19).

Ainsi, les preuves mathématiques (chapitre 2) peuvent aider un lecteur d'esprit scientifique à mieux appréhender la Bible, mais cela ne suffit pas pour faire naître la foi. La foi procède d'une démarche personnelle. Les promesses de Dieu s'acceptent par la foi ou se rejettent par incrédulité.

I.4 Les grands thèmes de la Bible

A. *La Bible parle de Jésus.* Il n'y a pas que le Nouveau Testament qui témoigne de Jésus, l'Ancien Testament aussi le fait: «Vous étudiez les Ecritures parce que vous pensez trouver en elles la vie éternelle: ce sont justement elles qui parlent de moi» (Jn 5:39). On ne peut comprendre l'Ancien Testament qu'à la lumière du Nouveau précisément parce qu'il annonce Jésus. Telle est la méthode employée par Jésus à l'égard des disciples d'Emmaüs (Lc 24:13-35). D'ailleurs, toute la Bible a pour but la révélation de Jésus-Christ: «Mais ces choses ont été écrites afin que vous croyiez que Jésus est le Christ, le Fils de Dieu, et qu'en croyant vous ayez la vie en son nom» (Jn 20:31).

B. *La Bible aborde des sujets d'ici-bas et des sujets de l'au-delà* (Jn 3:12). Dans la première catégorie, on peut ranger les récits historiques, les comptes rendus de voyages, les rencontres personnelles, les lois et les ordonnances, la description des états d'âme, les chroniques familiales, les arbres généalogiques, les rapports missionnaires, l'évocation des préoccupations quotidiennes et les observations de nature scientifique. Dieu a jugé important de nous révéler ces choses de la vie courante, mais il les subordonne à des réalités plus importantes encore, celles qui concernent le ciel (Mt 6:33; Col 3:2): Dieu, Jésus-Christ, le Saint-Esprit, le royaume de Dieu, la résurrection et le jugement, le ciel et l'éternité.

C. *La Bible décrit l'homme tel qu'il est.* Les hommes et les femmes de la Bible ne sont jamais glorifiés comme des héros; au contraire, l'Ecriture nous les présente dans leur faiblesse, leur nature pécheresse, leurs manquements, mais aussi dans leur remarquable fidélité à la vérité. Même les agissements méprisables de David, «l'homme selon le cœur de Dieu» (1 S 13:14; Ac 13:22) ne sont ni passés sous silence ni retouchés (2 S 11).

D. *La révélation biblique est la clé de la compréhension de notre monde.* Elle est notre essentielle et unique source d'informations. Le présent est incompréhensible sans la connaissance du passé révélé: création, chute et déluge. Il en résulte que:

1. *le passé explique le présent,* ce qui va à l'encontre de la thèse évolutionniste qui veut expliquer le passé à partir du présent.

2. *la création ne se comprend que par la foi* (Hé 11:3). En plusieurs endroits, l'Ecriture affirme que la création a été faite

- par la Parole de Dieu: Ps 33:6; Jn 1:1-4; Hé 13:3
- par la puissance de Dieu: Jé 10:12
- par la sagesse de Dieu: Ps 104:24; Pr 3:19; Col 2:3

- par le Fils de Dieu: Jn 1:1-4; 1:10; Col 1:15-17; Hé 1:2b
- selon le génie de Jésus: Mt 11:29; Jn 10:11; 14:27
- à partir de rien: Hé 11:3
- sans délai: Ps 33:6.

3. *la mort est une conséquence du péché de nos premiers parents* (Gn 2:17; 3:17; Rm 5:12; 5:14; 6:23; 1 Co 15:21).

4. *la création toute entière est affectée par la désobéissance initiale de l'homme* (Rm 8:20, 22). Les structures destructrices qu'on observe en biologie (les bactéries qui provoquent des maladies, les parasites, l'instinct de tuer chez les serpents, les araignées et les bêtes féroces, les plantes carnivores, la peine extrême pour survivre à cause «des épines et des ronces») ne s'expliquent que si on croit à la chute de l'homme. C'est en elle qu'il faut également trouver la cause du caractère fragile et fugace qui marque toute vie terrestre.

5. *la géologie de la terre ne peut s'expliquer qu'à la lumière du déluge.*

1.5 Les affirmations de la Bible

A. *Toutes les affirmations bibliques n'ont pas la même valeur,* même si aucune n'est superflue. Le lecteur s'en rend immédiatement compte en mettant par exemple côte à côte Jn 3:16 et Ac 18:1.

B. *La Bible énonce tous les principes essentiels qui nous sont nécessaires.* Elle est complète dans la mesure où elle contient tout ce qui nous est utile pour bien vivre ici-bas et pour trouver la vie éternelle: «Si vous cherchez dans le livre du Seigneur, vous pourrez lire ceci: Aucun d'eux ne reste en arrière, il n'y a pas un seul manquant» (Es34:16).

C. *La Bible ne se contredit jamais.* Dans la plupart des cas, les contradictions apparentes se résolvent par un examen attentif des textes. Les prétendues contradictions sont dues au fait qu'on ne tient pas compte des principes suivants:

1. *Les récits bibliques sont généralement très concis.* Ainsi, la conversion de Matthieu n'occupe qu'un seul verset (Mt 9:9). Certains se demandent avec qui les fils d'Adam ont-ils pu se marier, s'il n'y avait pas d'autres habitants sur la terre. La contradiction du récit biblique n'est qu'apparente, car Gn 5:4 déclare qu'Adam eut d'autres fils et des filles. Au début, les frères épousaient leurs sœurs; à la génération suivante, ce furent les cousins qui épousèrent leurs cousines. A l'aube de l'humanité, les mariages consanguins ne présentaient aucun danger.

2. *Le même événement peut être rapporté sous un jour différent dans des récits parallèles.*

Premier exemple: Matthieu et Luc présentent deux généalogies sensiblement différentes de Jésus. Le premier (Mt 1:1-17) fait remonter Jésus à David par la branche paternelle, tandis que le second rattache Jésus à David par Marie (Lc 3:23-38). De plus, Matthieu remonte jusqu'à Abraham, tandis que Luc poursuit jusqu'à «Adam, fils de Dieu». La généalogie de Matthieu comprend 42 générations, tandis que celle de Luc en compte 77. Les deux évangélistes attachent visiblement un sens symbolique au chiffre 42 (3x14) et 77. Les deux listes omettent des noms, mais elles sont unanimes sur les faits suivants:

- Jésus n'est pas le fils de Joseph
- Jésus est «l'étoile de Jacob» (Nb 24:17)
- Jésus est issu de la tribu de Juda (Ap 5:5)
- Jésus est de descendance royale, de la lignée de David (1 Ch 28:4-7; Es 43:6; Ap 5:5).

Deuxième exemple: les narrations de la résurrection de Jésus diffèrent entre elles par des détails sans grande importance. Ces différences prouvent que chaque auteur écrit en tant que témoin oculaire et qu'il n'a pas copié sur les autres. (Lorsque plusieurs témoins racontent l'accident qu'ils ont vu de leurs yeux, leurs témoignages présentent des différences notables, même si tous disent la vérité.)

3. *De nombreuses affirmations bibliques sur des sujets spirituels ne trouvent leur plein sens que grâce à leur complémentarité.* La physique a énoncé une double théorie de la lumière: la théorie ondulatoire et la théorie corpusculaire. La lumière se comporte à la fois comme une onde immatérielle et comme des particules matérielles (photons). Pour bien comprendre la nature de la lumière, il faut associer les deux théories et non les opposer. Il en est de même de certaines affirmations bibliques. Prenons l'exemple de la foi qui sauve. Deux textes semblent s'opposer radicalement:

a) «Car nous pensons que l'homme est justifié par la foi, sans les oeuvres de la loi» (Rm 3:28).

b) «Vous voyez que l'homme est justifié par les oeuvres, et non par la foi seulement» (Jc 2:24).

Nous prions le lecteur de se reporter au chapitre 4 où nous avons examiné cette question.

4. *Certaines difficultés textuelles proviennent simplement des traductions.* Exemple: d'après la Bible en français courant, Jacob enfouit les objets de culte idolâtres qui lui furent remis sous un grand arbre, tandis que la traduction Segond précise qu'il s'agissait d'un térébinthe (Gn 35:4).

A retenir: «Les hommes rejettent la Bible, non parce qu'elle se contredit, mais parce qu'elle les contredit.»

«Ce qui me trouble dans la Bible, ce n'est pas ce que je ne comprends pas, mais ce que je comprends» (paroles d'un athée).

5. *Certaines contradictions apparentes sont plus difficiles à expliquer; on peut néanmoins les résoudre.* En voici quelques exemples: la mort de Judas présentée différemment dans Mt 27:5b et Ac 1:18; 1 R 8:9 et Hé 9:4 ne présentent pas le même contenu de l'arche de l'alliance; 1 S 31 et 2 S 1 donnent deux versions différentes de la mort de Saül.

Prenons le cas du suicide de Judas. D'après Mt 27:5b, l'apôtre s'est pendu, ce qui semble contredire Ac 1:18 qui déclare: «... il tomba la tête la première, son corps éclata par le milieu et tous ses intestins se répandirent au-dehors.» On peut proposer l'explication suivante: Judas se pendit, mais la corde (ou la ceinture) utilisée se rompit ou se détacha et en tombant, le corps se fracassa sur des rochers.

D. *La Bible est le seul livre qui comporte des prophéties précises* dont beaucoup se sont déjà accomplies dans des lieux déterminés et à des époques connues.

Dans ce sens restreint, la prophétie est la prédiction de l'accomplissement certain d'un événement futur, cette prédiction ne reposant pas sur le savoir humain normal. A l'inverse de l'Histoire qui décrit les événements déjà survenus, la prophétie annonce ceux qui vont se produire. Dans Jn 13:19, Jésus souligne le côté stimulant de la prophétie pour la foi: «Je vous le dis déjà maintenant, avant que la chose arrive, afin que lorsqu'elle arrivera vous croyiez que je suis celui que je suis.»

E. *Dieu commence souvent par révéler un détail qu'il complète ensuite peu à peu.* Nous avons l'exemple le plus frappant de cette procédure dans l'annonce de la venue de Jésus.

F. *Une lecture superficielle du texte fait courir le danger de considérer les détails comme des à-côtés insignifiants.* Pourtant, placés dans un contexte plus vaste, ils revêtent généralement une grande signification.

Premier exemple: Les Romains avaient coutume de briser les os des jambes des crucifiés; ils ont donc accompli cette sinistre besogne sur les deux brigands, mais ont épargné Jésus (Jn 19:32-36). Le lien de ce détail avec la prophétie: «On ne lui brisera aucun os» (Jn 19:36b et Ex 12:46) n'est pas évident, car dans l'Ancien Testament il s'agissait de l'agneau pascal.

Deuxième exemple: Si Jésus a dû être crucifié hors des murs de Jérusalem, c'est parce que dans l'Ancien Testament, les animaux offerts en sacrifice étaient brûlés hors du camp (Lv 16:27; Hé 13:11-12).

G. *Les affirmations bibliques sont d'une telle profondeur que l'esprit humain ne peut la sonder* (1 Co 13:12). Comme l'a fait remarquer *Georg Huntemann*, «ce que la Bible veut nous dire prend naissance de l'autre côté de ce que la raison peut explorer.»

H. *L'étendue et la profondeur des affirmations bibliques dépassent tout ce que la raison humaine peut concevoir.* Le cadre temporel se situe entre «avant la fondation du monde» (Ep 1:4) et l'éternité (Ap 22:5). La Bible répond aux questions devant lesquelles les sciences sont muettes:

- Qu'est-ce que la mort? Pourquoi la mort existe-t-elle et pour combien de temps encore?

- Qu'est-ce que l'homme? D'où vient-il? Pourquoi est-il sur terre? Où va-t-il?

- Qu'y aura-t-il dans l'éternité?

I. *La Bible est une œuvre littéraire à part.* La Bible délivre son message dans une variété de genres littéraires et de styles que l'on ne rencontre dans aucun autre ouvrage. Longue est la liste de ce qu'on y trouve:

Poème (Ps 119), hymne (Col 1:15-17), chant d'amour (Ct de Salomon), compte-rendu scientifique dans la langue courante (Gn1), récit historique (livre d'Esdras), paraboles (Mt13:3-23), récits qui s'appuient sur des faits de la vie courante pour communiquer des enseignements, discours très imagé (Jn15:1), vision prophétique (Ap 6), discours prophétique (Mt 24), paradoxe (Ph2:12-13), sermon (Ac17:22-31), exhortation (Col3:16-17), louange (Ep1:3), formule de bénédiction (Ph4:7), doctrine (Rm5:12-21), chroniques familiales (1Ch3), prière (Ps35), témoignage personnel (1Jn1:1-2), songe (Gn37:6-7), parole directe de Dieu (Mt3:17), entretien spirituel (Jn4:7-38), propos d'une querelle (Ac15:7-21), séance de tribunal (Jn 18:28-38), maxime de sagesse (Pr13:7), promesse (Mc16:16), verdict de condamnation (Mt11:11-24), énigme (Jg14:12-14), promulgation de lois (sociales, juridiques, coutumières, rituelles, prophylactiques), poésie lyrique (Cantique des cantiques), biographie (livre de Néhémie), correspondance privée (lettre de Paul à Philémon), journal (Ac16), monologue (Jb32-37), dialogue (Jb3-31), apocalypse (livre de Daniel et Apocalypse de Jean), choses scellées pour un temps (Dn12:9), prologue (Lc1:1-4), épilogue (Jn21:25), ellipse (Mt9:9), métaphore (Ab 4), épitaphe (Jn 19:19), chiffres (Ap 13:18).

J. *En revanche, on ne trouve pas dans la Bible les genres suivants:* tradition, légende, mythe, conte, commentaire malveillant, satire, comédie, plaisanterie, utopie, science-fiction. L'hyperbole (exagération, Mt 11:18) et l'ironie (2 Co 12:11) n'apparaissent que rarement et d'une manière non équivoque.

Aucun livre au monde n'affiche une telle diversité de formes d'expression; aucun ne peut revendiquer une véracité aussi absolue dans toutes ses affirmations.

K. *La Bible puise dans la richesse de tous les moyens d'expression verbale.* L'essentiel du texte biblique se présente sous la forme d'affirmations directes, mais il existe aussi d'autres formes spécifiques d'expression:

1. *le langage phénoménologique.* Au lieu de décrire une situation à partir de la causalité souvent inconnue, la Bible le fait du point de vue de l'observateur. Ainsi, elle parle, comme le fait d'ailleurs l'astronomie moderne, du lever et du coucher du soleil; l'impression de lever et de coucher du soleil n'est pas liée au mouvement de cet astre, mais à la rotation de la terre.

2. *expressions idiomatiques.* Dans certaines situations, des formules concises en disent souvent plus qu'un long discours. Ainsi, Samson s'est très bien fait comprendre des Philistins lorsqu'il leur a dit: «Si vous n'aviez pas labouré avec ma jeune vache, vous n'auriez pas trouvé la réponse» (Jg 14:18).

3. *le charme du langage poétique.* Le Cantique des cantiques excelle dans cet art: «Place-moi contre ton cœur, comme ton sceau personnel; garde-moi près de toi, comme la pierre gravée à ton nom que tu portes au bras» (Ct 8:6).

4. *les périphrases et les images pour exprimer des réalités scientifiques et techniques modernes.* La Bible mentionne dans son langage imagé des connaissances que l'homme a précisées ou acquises avec le temps, et qui n'existaient donc pas lorsqu'elle fut écrite. Elle n'emploie pas les mots de satellites, de cabines spatiales ou de modules géostationnaires, mais elle fait sans doute allusion à ces réalités lorsqu'elle déclare: «Même si tu te perchais aussi haut que l'aigle et plaçais ton nid parmi les étoiles, je t'en ferais descendre» (Ab 4). Elle n'emploie pas le terme médical d'ontogenèse (développement de l'embryon), mais elle décrit ce processus de la façon suivante: «Mon corps n'avait pas de secret pour toi, quand tu me façonnais en cachette et me tissais dans le ventre de ma mère» (Ps 139:15).

5. *des formulations scientifiques exactes.* Le récit de la création en fournit d'excellents exemples. Ainsi, la mesure du temps et la définition de l'unité correspondante sont données en termes appropriés dans Gn1:14, 19.

6. *le langage imagé de la vie quotidienne pour faire comprendre des réalités spirituelles.* Ainsi, dans la parabole de Mt 13:3-23, le semeur représente celui qui annonce la parole, la semence la Parole de Dieu, les épines les entraves et la bonne terre le cœur de l'homme bien disposé.

L. *Le texte biblique est à prendre comme il est, en tenant compte toutefois du genre littéraire et des formes d'expression.* Dans certains cas, les affirmations sont à prendre au sens littéral, dans d'autres, elles devront être transposées d'une façon loyale et précise.

a) *Exemple d'affirmations prises au sens littéral.* En accomplissant les prophéties de l'Ancien Testament, Jésus enseignait à ses disciples son souci de prendre des textes à la lettre. Il le leur rappelle par ces paroles: «Voilà ce que je vous ai déclaré lorsque j'étais encore avec vous: tout ce qui est écrit à mon sujet dans la loi de Moïse, dans les livres des prophètes et dans les psaumes devait se réaliser» (Lc 24:44). Les Evangiles soulignent souvent cette finalité: «... afin que se réalise ce que le Seigneur avait dit par le prophète ...» (Mt 2:15), «Ce passage de l'Ecriture s'est réalisé aujourd'hui ...» (Lc 4:21), «N'avez-vous jamais lu ce que déclare l'Ecriture?» (Mt 21:42).

b) *Exemple d'affirmation à interpréter fidèlement.* Lorsque Jésus déclare: «Je suis la vigne, vous êtes les rameaux» (Jn15:5), il est évident qu'on ne peut pas prendre ses paroles au sens littéral. Il faut les interpréter. Généralement, l'image suggère le sens; dans le cas présent, il ne peut y avoir aucun doute, car Jésus ajoute d'une façon on ne peut plus explicite: «Vous ne pouvez rien faire sans moi.»

I.6 La valeur des affirmations bibliques

A. *La Bible délivre le plus précieux message qui soit.* «L'évangile est la meilleure nouvelle qui ait jamais été annoncée aux hommes. Jamais quelque chose de comparable ne nous a été dit» (*Wilhelm Pahls*, évangéliste allemand). Le psaume 119 exalte plusieurs fois la supériorité de la Parole de Dieu sur tout: «La loi que tu as édictée vaut mieux pour moi que des milliers de pièces d'or ou d'argent» (v. 72); «Je me réjouis de ton message, comme d'un grand trésor que j'aurais trouvé» (v. 162).

B. *Quiconque rejette la Parole de Dieu sera jugé par elle.* De même que l'écoute de la Parole de Dieu conduit à la foi (Rm 10:7) et donc au salut, ainsi le rejet de cette même parole entraîne le rejet et la perdition éternelle:

> «Ainsi, puisque tu as rejeté les ordres du Seigneur, le Seigneur te rejette aussi» (1 S 15:23).

> «Celui qui est de Dieu écoute les paroles de Dieu. Mais vous n'êtes pas de Dieu et c'est pourquoi vous n'écoutez pas» (Jn 8:47).

> «Il fallait que la Parole de Dieu vous soit annoncée à vous d'abord. Mais puisque vous la repoussez et que vous ne vous jugez pas dignes de la vie éternelle, nous irons vers ceux qui ne sont pas juifs» (Ac 13:46).

C. *La Bible est composée de l'Ancien et du Nouveau Testament.* Les deux parties sont, au même titre, Parole de Dieu; on ne peut donc les opposer. Le Nouveau Testament cite souvent l'Ancien; on peut toutefois remarquer qu'il ne le fait généralement pas textuellement, mais d'une manière qui présente un progrès dans la révélation. Le Nouveau Testament accomplit les promesses de l'Ancien: «Tous ces hommes ont été approuvés par Dieu à cause de leur foi; pourtant, ils n'ont pas reçu ce que Dieu avait promis. En effet, comme Dieu avait prévu mieux encore pour nous, il n'a pas voulu qu'ils soient rendus parfaits autrement qu'avec nous» (Hé 11:39-40). Le Seigneur Jésus est déjà présent dans les pages de l'Ancien Testament: «Vous étudiez les Ecritures parce que vous pensez trouver en elles la vie éternelle: ce sont justement elles qui parlent de moi!» (Jn 5:39).

D. *Les apocryphes* (du grec *apokryphos*, caché, secret, inauthentique) *ne sont pas Parole de Dieu.* Ces écrits sont apparus dans la période intertestamentaire. Les principaux arguments qu'on peut avancer contre leur inclusion dans le canon biblique sont:

1. *Ils contiennent certains enseignements contraires à la doctrine biblique.* Ainsi, Tobie 12:9 déclare que «l'aumône purifie de tout péché.» De même, Tobie 6:9 encourage des pratiques magiques, et 2 Maccabées 12:46 prétend que les morts sont délivrés de leur péché grâce aux prières des vivants.

2. *Ils n'ont jamais été reconnus comme faisant partie du canon juif.* Ce sont des livres postérieurs aux livres inspirés de l'Ancien Testament. C'est pourquoi leur présence dans le canon a toujours été contestée. C'est au Concile de Trente en 1546 que l'Eglise catholique, en réaction à la Réforme, a décidé que les écrits deutérocanoniques devaient être considérés sur le même plan que les écrits de l'Ancien et du Nouveau Testament.

3. *Aucun écrivain du Nouveau Testament ne les cite.* A l'exception de 4 petits livres de l'Ancien Testament, tous les autres livres sont cités dans le Nouveau.

4. *Les apocryphes eux-mêmes ne prétendent pas à l'infaillibilité.* Le prologue du livre de l'Ecclésiastique déclare: «Vous êtes donc invités à en faire la lecture avec une bienveillante attention et à vous montrer indulgents là où, en dépit de nos efforts d'interprétation, nous pourrions sembler avoir échoué à rendre quelque expression.»

Valeur des apocryphes. Faut-il rejeter catégoriquement les apocryphes? Dans sa traduction allemande de la Bible, *Luther* plaça les livres apocryphes à la fin de l'Ancien Testament et les fit précéder de cette notice: «Livres qui ne doivent pas être estimés à l'égal de la Sainte Ecriture, mais qui pourtant sont utiles et bons à lire.» Les calvinistes ont adopté une position plus radicale: «Ces livres ne sont pas divinement inspirés comme le reste des Saintes Ecritures, et ne doivent pas être produits publiquement à l'Eglise pour servir de règle aux articles de foi, ni même aux points de vérité de l'histoire sainte» (*Robert Olivétan*). L'auteur du présent ouvrage partage l'opinion de Luther. Si nous lisons les livres apocryphes comme des livres historiques (notamment le livre des Maccabées) n'ayant pas la même autorité que les livres canoniques, nous en tirons un certain profit. On peut en particulier souligner la valeur du livre de l'Ecclésiastique, qui aborde tous les sujets et toutes les situations qu'on peut rencontrer dans la vie, avec un fond et une forme s'apparentant beaucoup à ceux des livres sapientiaux inspirés.

I.7 L'intelligibilité de la Bible

A. *La Bible est facilement compréhensible*: «En effet, dans nos lettres, nous ne vous écrivons rien d'autre que ce que vous y lisez et comprenez» (2 Co 1:13).

B. *Mais la Bible contient aussi des pensées si profondes qu'elles sont insondables à l'esprit humain*: «En effet, dit le Seigneur, ce que je pense n'a rien de commun avec ce que vous pensez, et vos façons d'agir n'ont rien de commun avec les miennes. Il y a autant de distance entre mes méthodes et les vôtres, entre mes pensées et les vôtres, qu'entre le ciel et la terre» (Es 55:8-9).

Le grand prédicateur *Spurgeon* a bien mis en évidence ce double aspect de la Parole de Dieu: «La Bible contient des vérités si grandes qu'elles dépassent notre capacité de compréhension et prouvent à quel point notre entendement est limité. Mais ses affirmations essentielles et fondamentales sont faciles à saisir.» Les pensées de la Bible sont accessibles à chacun (Ac 17:11), bien que leur profondeur et leur richesse soient inépuisables (Rm 11:33).

C. *Sous la direction du Saint-Esprit, plus de 45 auteurs différents ont participé à la rédaction de la Bible.* Sans l'assistance du Saint-Esprit, il est impossible de saisir le sens exact de l'Ecriture: «L'homme qui n'a pas l'Esprit de Dieu ne peut pas recevoir les vérités qui viennent de cet Esprit: elles sont une folie pour lui; il est incapable de les comprendre, car on ne peut juger que par l'Esprit. L'homme qui a l'Esprit de Dieu peut juger de tout, mais personne ne peut le juger» (1 Co 2:14-15).

I.8 L'exactitude des affirmations bibliques

A. *La Bible est un livre incroyablement précis.* Pour s'en apercevoir, il faut examiner de plus près ses caractéristiques linguistiques, sémantiques, spirituelles, historiques ou scientifiques.

Nous allons mettre en relief l'exactitude historique de la Bible en méditant ce qu'elle dit au sujet de la persécution des chrétiens. Dès le début de l'Eglise, il est dit des chrétiens: «ils ont risqué leur vie au service de notre Seigneur Jésus-Christ» (Ac 15:26). A la fin des temps, il sera encore question de «ceux qui avaient été mis à mort parce qu'ils avaient annoncé la Parole de Dieu et avaient fidèlement rendu témoignage» (Ap 6:9). Aujourd'hui, tous les courants tentent de récupérer Jésus et de l'intégrer à leur système. L'islam accepte Jésus en tant que prophète, les mouvements pacifistes le reconnaissent comme le pacifiste par excellence, les partis politiques le présentent comme le meilleur homme et le plus grand réformateur social. *Albert Schweitzer* était conquis par le Jésus historique. *Carl Friedrich von Weizsäcker*, frère du Président de la République fédérale d'Allemagne a organisé une grande conférence pour la paix et a proclamé que c'est aux hommes qu'il appartenait de faire régner la paix sur la terre. Beaucoup parlent de Jésus, tant qu'il ne dérange pas leur conception. Ainsi, l'islam rejette l'idée de Jésus comme fils de Dieu. Mais sachons-le: «Jésus est notre paix» (Ep 2:14) uniquement si nous croyons en lui; dans le cas contraire, il est notre juge (Ac 10:42). Le mouvement pacifiste ignore cet aspect des choses, comme il passe sous silence le Jésus qui est décrit dans Ap 6 comme l'Agneau de Dieu qui ouvre les sceaux et libère les quatre cavaliers chargés de répandre la guerre et la mort sur terre. De nombreux leaders se réfèrent au sermon sur la montagne, mais ils omettent généralement de rappeler le commandement central, celui de renoncer à la voie large qui mène à la perdition et de s'engager sur la voie étroite qui mène à la vie. Il ne suffit pas que le nom de Jésus soit sur toutes les lèvres et prononcé à n'importe quelle occasion. Le Seigneur a mis ses auditeurs en garde:

> «Ce ne sont pas tous ceux qui me disent: ‹Seigneur, Seigneur› qui entreront dans le royaume des cieux, mais

seulement ceux qui font ce que veut mon Père qui est dans les cieux. Quand viendra le jour du Jugement, beaucoup me diront: ‹Seigneur, Seigneur, nous avons transmis en ton nom des messages reçus de Dieu, nous avons chassé en ton nom des esprits mauvais, nous avons accompli en ton nom de nombreux miracles!› Alors je leur déclarerai: ‹Je ne vous ai jamais connus; éloignez-vous de moi, vous qui commettez le mal!›» (Mt 7:21-23).

Celui qui ne met l'accent que sur le côté humain de Jésus ne heurte personne. Mais nous devons annoncer **le** Jésus que l'Ecriture révèle et en parler comme elle le fait (Jn 7:38). L'hostilité ne se manifeste qu'envers ceux qui s'appuient totalement sur la Parole de Dieu. A une époque où toutes les normes s'effilochent, ceux qui font de la Bible la référence suprême de leurs affirmations et qui brandissent courageusement: «Il est écrit», pour justifier aussi bien leur conception du récit de la création que leur description du Seigneur Jésus, ceux-là seront persécutés. Ceux qui auront fidèlement rendu témoignage à la parole écrite et à la parole incarnée, ceux-là ont la promesse de la victoire (Ap 12:11).

1.9 L'actualité des affirmations bibliques

A. *La Parole de Dieu n'est pas soumise au temps.* Le prophète Esaïe oppose le caractère fragile et éphémère de l'herbe à l'intemporalité de la Parole de Dieu: «Oui, l'herbe sèche, sa fleur se fane, mais la Parole de notre Dieu se réalisera pour toujours» (Es 40:8). Jésus prolonge l'image en opposant la nature temporelle des astres à l'éternité de sa Parole: «Le ciel et la terre disparaîtront, tandis que mes paroles ne disparaîtront jamais» (Mt 24:35). *Luther* a eu ce mot: «La Bible n'est ni antique, ni moderne: elle est éternelle.» La Bible se situe hors du temps, car elle développe des concepts et trace une perspective qui dépassent le cadre du temps présent. Même si l'Ecriture ne mentionne pas l'interruption volontaire de grossesse, ni les manipulations génétiques, ni l'extension de la consommation de drogue, on peut néanmoins puiser dans ses pages des principes de conduite applicables à ces situations particulières. Aucun autre livre ne peut à ce point servir de référence. Ainsi, aucun tribunal humain ne pourrait porter un jugement dans une situation que la loi n'a pas prévu. L'évolution des sciences et des techniques, notamment en matière de reproduction médicalement assistée, met de plus en plus en évidence le tragique vide juridique qu'il faudra rapidement combler, faute de quoi l'homme s'expose aux pires aberrations.

1.10 Pour comprendre la Bible: se convertir à Jésus-Christ

Après ce long préambule des principales thèses concernant la Bible, une question vitale se pose: comment faire pour bien comprendre la Bible? Comment un «non-initié» trouvera-t-il le moyen de pénétrer dans cette mine de renseignements essentiels pour la vie? A la fin d'une réunion d'évangélisation, un jeune intellectuel vint vers moi et me dit son ardent désir de bien saisir le sens des Ecritures. Au cours de l'entretien, je répondis à quelques-unes des critiques qui s'élèvent contre la Bible. A un certain moment, il m'interrompit et me déclara qu'il pourrait désormais entamer l'étude de la Bible par la méthode philosophique qui lui était familière. Je lui répondis: «Vous pouvez le faire, mais vous n'aboutirez pas au Dieu vivant révélé en Christ; vous découvrirez le Dieu des philosophes, c'est-à-dire un Dieu impersonnel, le Dieu des panthéistes. Les philosophes de toutes les écoles ont lu la Bible avec les présupposés dictés par leur mode de pensée, mais ils n'ont pas rencontré le Dieu qui devient Sauveur uniquement en Jésus-Christ.» Le jeune homme comprit et accepta ma recommandation: «Ce soir même, vous pouvez avoir accès à la Bible et au Dieu vivant: il vous suffit d'établir une relation existentielle avec lui. Le voulez-vous?»

En m'appuyant sur l'exemple de ce jeune homme, je vais montrer dans ce qui suit comment l'homme peut découvrir la foi.

A. *Se reconnaître tel que l'on est.* Lisons ensemble Rm 3:22+23: «Il n'y a pas de différence entre eux: tous ont péché et sont privés de la présence glorieuse de Dieu.» Ce verset déclare que nous sommes perdus. Nos péchés nous séparent du Dieu vivant; nous n'avons donc plus accès à lui. Nous ne lui sommes plus agréables. Il n'y a rien de glorieux en nous. Avec la chute s'est creusé un abîme entre le Dieu saint et l'homme pécheur. Pouvez-vous acquiescer à ce diagnostic?

B. *La seule issue.* Il n'y a qu'une seule solution pour sortir l'homme de cette fâcheuse situation: le chemin tracé par Dieu. A la croix, il a offert son Fils pour subir le châtiment que nous méritions à cause de nos péchés. Jésus est venu dans ce monde pour sauver les pécheurs (Mt 18:11). Il n'existe aucun moyen de salut autrement que par lui (Ac 4:12). Le croyez-vous du fond du cœur?

C. *Confesser ses péchés.* Il est écrit dans 1 Jn 1:8-9: «Si nous disons que nous sommes sans péché, nous nous trompons nous-mêmes et la vérité n'est pas en nous. Mais si nous confessons nos péchés à Dieu, nous pouvons avoir confiance en lui, car il agit de façon juste: il pardonnera nos péchés et nous purifiera de tout mal.» Grâce à l'oeuvre expiatoire accomplie à Golgotha, Jésus a les pleins pouvoirs de pardonner les péchés. Si nous nous appuyons sur sa promesse, si nous lui confessons notre péché et lui en demandons pardon, à cause de sa fidélité il nous décharge de notre culpabilité. Mais il ne faut pas seulement s'extasier devant ce prodige, il faut le saisir! Voulez-vous vous approprier la promesse du pardon? Demandez-le lui dans une prière semblable à celle-ci:

> «Seigneur Jésus, aujourd'hui j'ai entendu parler de toi et j'ai compris pourquoi tu es venu dans ce monde. Dans ton amour inexplicable, tu t'es aussi penché sur moi. Tu vois tous mes péchés, ceux auxquels je pense et ceux qui me sont cachés. Tu sais tout; tu connais le moindre comportement coupable, le plus petit des mauvais penchants de mon coeur. Tout est consigné devant toi. Je suis comme un livre ouvert devant toi. Tel que je suis, je ne puis subsister en ta présence. C'est pourquoi je te prie de me pardonner tous mes péchés et de me purifier entièrement. Amen.»

Nous venons de dire au Seigneur ce qui nous accablait (1 Jn 1:8-9). Dieu s'est formellement lié par une promesse. Selon vous, quelle proportion de vos fautes vous a-t-il pardonné? 80%? 50%? 10%? La Bible déclare sans hésitation: «Il nous purifiera de **tout** mal» (1 Jn 1:9). **Tous** vos péchés sont pardonnés. Sachez-le bien, et ne vous contentez pas de croire ce pardon possible, ou même simplement de l'espérer. L'Ecriture tient beaucoup à ce que nous ayons à ce sujet une certitude absolue. Relisez 1 P 1:18-19 et 1 Jn 5:13.

D. *L'abandon de sa vie.* Le Seigneur Jésus vous a pardonné tous vos péchés; vous pouvez lui confier votre vie. «A tous ceux qui l'ont reçu, à ceux qui croient en son nom, il a donné le pouvoir de devenir enfants de Dieu» (Jn 1:12). Tous ceux qui ont invité le Seigneur Jésus à prendre la direction de leur vie reçoivent le pouvoir et le droit d'être enfants de Dieu. On ne devient donc pas enfant de Dieu en pratiquant de bonnes oeuvres de temps en temps, en étant pieux ou en s'affiliant à une église; on le devient en abandonnant sa vie au Fils de Dieu et en marchant fidèlement à sa suite. Prenez cet engagement dans la prière:

> «Seigneur Jésus, tu as pardonné toutes mes transgressions. J'ai du mal à saisir cette vérité, mais je me fie à tes promesses. Je te demande d'établir ta demeure en moi. Conduis-moi sur le chemin que tu me montreras. Je sais que tu formes uniquement des projets de bonheur pour moi. C'est pourquoi je t'abandonne tous les compartiments de ma vie. Aide-moi à renoncer à tout ce que tu désapprouves. Inculque-moi de nouvelles habitudes compatibles avec ta bénédiction. Donne-moi un cœur docile pour que j'accomplisse ce que ta Parole ordonne. Ne permets pas que je règle ma vie d'après les modes et les opinions humaines, mais révèle-moi le sens des Ecritures afin que je comprenne bien tes paroles et que j'y conforme ma vie. Je veux que tu sois mon Seigneur et je veux te suivre. Amen.»

E. *Accepté.* Le Seigneur vous a accepté. Il vous a racheté à grand prix, il vous a sauvé. Vous êtes devenu enfant de Dieu. L'enfant est aussi héritier: héritier de Dieu, héritier du royaume céleste. Pouvez-vous imaginer ce qui se passe en ce moment au ciel? Peut-être un peu de joie, vous dites-vous. C'est même une certitude, car il est écrit dans Lc 15:10: «Il y a de la joie parmi les anges de Dieu pour un seul pécheur qui commence une vie nouvelle.» Votre retour à Dieu suscite une immense joie dans le ciel. Le ciel tout entier exulte de ce qu'un être humain a pris au sérieux la bonne nouvelle du salut et se l'est appropriée. La Bible nomme *conversion* ce demi-tour vers Jésus-Christ. Le pécheur abandonne sa culpabilité à Jésus, lequel s'en charge effectivement. Simultanément s'opère la *régénération*, œuvre de Dieu en nous par laquelle il nous donne la vie nouvelle d'enfant de Dieu. Conversion et régénération sont donc inséparables, comme les deux faces d'une médaille.

F. *Gratitude.* La rédemption est un cadeau de Dieu. Seul son amour a rendu notre salut possible. Nous ne pouvons absolument pas contribuer à cette œuvre de salut. Celui qui reçoit un cadeau ne peut que dire: «Merci!». Faites-le maintenant en exprimant dans vos propres mots votre reconnaissance à Dieu.

G. *La suite?* La Bible compare votre état à celui d'un nouveau-né. Tout comme le bébé entre dans une famille, vous, de même, appartenez à la famille de Dieu. Les nouveau-nés traversent une phase critique, connue sous le nom de «mort du nourrisson». C'est également vrai dans le domaine spirituel. La naissance (conversion) s'est bien déroulée. La vie est là. Il faut maintenant alimenter le bébé (l'allaiter) et l'entourer de soins. Dans ce domaine, Dieu a également pourvu et tout fait pour que vous puissiez vous développer spirituellement. Pour diminuer le taux de mortalité chez le nouveau-né spirituel, il faut suivre les conseils donnés par Dieu. Je voudrais encore souligner quelques points importants; ils sont autant de piliers destinés à soutenir votre foi et à favoriser le développement de votre vie chrétienne. Pour vous en faciliter la mémorisation, je les regroupe en cinq paragraphes commençant chacun par la lettre ‹P› comme le mot «pilier».

1. Parole de Dieu

C'est sur la base du témoignage de la Bible que vous avez pris votre décision de venir à Dieu. La Bible est le seul livre garanti par Dieu. Aucun autre livre ne lui est comparable sur le plan de l'autorité, de la vérité, du contenu et de l'origine. La Bible est l'aliment indispensable à la vie nouvelle que Jésus a insufflée en vous. 1 Pierre 2:2 souligne cet aspect des choses: «Désirez, comme des enfants nouveau-nés, le lait spirituel et pur!» Les paroles contenues dans la Bible sont ce lait. Il serait bon que chaque jour, et de préférence le matin, vous consacriez du temps à la lecture des Saintes Ecritures. Commencez de préférence par un évangile, comme celui de Jean. Vous n'oubliez certainement jamais de prendre votre petit déjeuner ni de vous brosser les dents chaque matin. Soyez aussi conséquents avec votre vie spirituelle et ajoutez cette activité importante à votre programme journalier.

2. Prière

Entretenez-vous tous les jours avec le Seigneur. Jésus ne veut pas uniquement nous parler, ce qui se fait lors de la lecture de la Bible; il veut aussi que nous lui parlions, par le moyen de la prière. Quel privilège de pouvoir tout lui confier! D'après la Bible, nous ne pouvons adresser nos prières qu'à deux personnes: Dieu, qui est désormais votre Père, et le Seigneur Jésus, votre Sauveur, votre bon berger, votre ami, celui qui est tout pour vous. La Bible ne reconnaît pas comme valables les prières adressées à quelqu'un d'autre. La prière vous communique de la force et vous changera en mieux. Vous pouvez lui soumettre tous vos projets et toutes vos décisions. Remerciez le Seigneur pour toutes choses qui vous viennent à l'esprit. Intercédez également pour ceux qui sont dans le besoin et demandez à Dieu d'attirer d'autres personnes de votre entourage à lui. La lecture biblique et la prière constituent une sorte de circulation sanguine «spirituelle» indispensable à la santé de la vie chrétienne.

3. Pratique de l'obéissance

La lecture de la Bible vous donnera de nombreux conseils utiles pour votre façon de vivre et pour améliorer votre relation avec Dieu. Mettez en pratique ce que vous avez compris, et vous connaîtrez une grande bénédiction. Dieu éprouve de la joie quand nous marchons comme des enfants obéissants en conformant notre vie à sa Parole et en pratiquant ses commandements. La meilleure façon de prouver notre amour pour le Seigneur consiste à être obéissant (1 Jn 5:3). Durant notre vie terrestre, nous serons souvent à la croisée des chemins; souvenons-nous que la condition pour obtenir la bénédiction de Dieu réside dans l'application constante du grand principe: «Il faut obéir à Dieu plutôt qu'aux hommes» (Ac 5:29).

4. Communion fraternelle

En tant qu'hommes, nous avons été créés par notre Créateur pour entretenir des liens sociaux. Recherchez le contact avec d'autres chrétiens, c'est-à-dire des personnes qui sont passées par la conversion. Il n'y a qu'avec elles que vous pourrez prier et partager votre foi. Si on retire un charbon incandescent du foyer, il ne tarde pas à s'éteindre. Il en est de même de notre foi en Dieu et de notre amour pour Jésus. C'est au contact des autres chrétiens que ces vertus se développent. Comme jeune converti, vous avez besoin de l'amour, de la sécurité, de l'encouragement, mais aussi des avertissements d'une église fidèle à la Bible. Je souhaite ardemment que vous trouviez rapidement une telle communauté, car une famille spirituelle accueillante et vivante est indispensable pour le développement de notre foi et la qualité de notre service.

5. Progrès dans la foi

La conversion et la régénération nous ont fait naître à la foi. Il faut désormais que cette foi grandisse et s'affermisse pour que nous ne restions pas ballottés à tout vent de doctrine. «Quant à toi, écrit Paul à Timothée, demeure ferme dans ce que tu as appris et reçu avec une entière conviction» (2 Tm 3:14). Lui-même a pu rendre ce témoignage à la fin de sa vie: «J'ai combattu le bon combat, je suis allé jusqu'au bout de la course, j'ai gardé la foi» (2 Tm 4:7). Suivons cet exemple de fidélité et de persévérance.

La conversion n'est donc pas le point d'arrivée mais le point de départ d'une nouvelle vie. Désormais, vous pouvez être ouvrier avec le Seigneur (1 Co 3:9). Apportez votre concours à l'évangélisation des autres, afin que d'autres personnes parviennent au salut par Jésus. La conversion opère une double action: notre vie terrestre prend un sens et en même temps nous recevons comme cadeau l'adoption dans la famille de Dieu, ce qui fait de nous les héritiers de la vie éternelle.

Retenons: Ce n'est pas en restant observateur neutre, extérieur à la Bible, que nous pourrons saisir la richesse de ce livre; il faut l'étudier du dedans. Seul celui qui s'est repenti et converti, autrement dit celui qui s'est tourné de tout son être vers Dieu par Jésus-Christ, celui-là a pris le bon train qui lui fera découvrir les trésors de la Parole de Dieu. L'entretien spirituel qu'on peut avoir avec une personne désireuse de devenir chrétienne diffère d'un cas à l'autre. Ce qui précède n'est qu'un exemple parmi beaucoup d'autres, mais il contient tous les ingrédients nécessaires à la conversion: confession des péchés, demande du pardon et abandon de sa vie à Jésus-Christ. A ce moment débute le long processus de la croissance dans la foi.

I.11 Remarque finale

Nous avons essayé de résumer l'essentiel de la Bible en quelques thèses concises. Mais le lecteur doit savoir que cette entreprise humaine, qui cherche à faire prendre conscience de l'infinie richesse d'un livre divin, ne sera évidemment jamais achevée et jamais parfaite.

II. L'interprétation de la Bible

A. *Le meilleur interprète de la Bible est la Bible elle-même.* En d'autres mots, il n'existe pas de meilleur commentaire de la Bible que la Bible elle-même. Ce principe fondamental de l'exégèse biblique a l'aval de Jésus (Mt 19:3-6), des apôtres (p. ex. Ga 3:16) et des prophètes.

B. *Jésus est la clé de la compréhension.* Ainsi, l'Ancien Testament reste voilé et incompréhensible si on ne l'étudie pas dans la perspective messianique (p. ex. Ps 110:1; Es 53; Ml 3:20, 23, 24).

C. *L'interprétation d'un passage ne doit jamais contredire le sens des autres.*

D. *Une doctrine ne devrait jamais être déduite d'une seule affirmation ou d'un seul verset.* Les doctrines centrales se retrouvent en différents endroits de l'Ecriture et sont souvent formulées de différentes façons.

Exemple:

- L'absence de tout péché en Jésus: 1 Jn 3:5; 1 P 2:12; 2 Co 5:21
- Le fait que tous les hommes sont pécheurs: Gn 8:21; Ps 14:2; Es 1:5-6; Mt 15:19; Rm 3:23
- Le fait que Dieu veut le salut des hommes: Ez 34:12; Mt 18:11; 1 Th 5:9; 1 Tm 2:4

Remarque: On ne trouve qu'un seul verset qui atteste explicitement que Jésus aime le Père (Jn 14:31) ou que le Père nous aime (Jn 16:27), mais ces vérités sont implicitement contenues dans de nombreux passages comme un postulat. Il est donc permis de fonder cette doctrine, même si on ne peut l'étayer avec de nombreuses références bibliques.

E. *Il faut toujours tenir compte du contexte immédiat et de l'analogie des Ecritures*. Le non-respect de ce grand principe a conduit à l'éclosion de doctrines étrangères à la Bible et à la prolifération des sectes. Il est très important d'éclairer un texte biblique par les passages parallèles ou par d'autres affirmations glanées dans toute l'Ecriture.

F. *L'ensemble des mêmes événements et des mêmes situations permet aussi de déduire l'enseignement biblique qui s'y rapporte.* La Bible n'est pas un code stérile de lois et ordonnances, ni un manuel abstrait; elle est tissée de milliers d'histoires qui illustrent par exemple comment il convient de se comporter vis-à-vis de Dieu et des hommes. En regroupant toutes les situations qui se rapportent à un même thème, on peut en déduire la doctrine biblique correspondante. C'est ce que fait Paul dans 1 Co 10:11, où il tire les leçons de la longue histoire des bénédictions et des malheurs du peuple d'Israël. Nous avons adopté le même principe pour répondre à la question sur les relations sexuelles prémaritales (voir question QF6).

G. *L'Ancien Testament est l'incontournable introduction au Nouveau Testament*. Sans l'Ancien Testament, de nombreux thèmes du Nouveau seraient incompréhensibles, notamment la doctrine de la création, celle de la chute et celle du déluge.

H. *Le Nouveau Testament témoigne d'une exigence beaucoup plus grande que l'Ancien.* Il suffit de lire l'épître aux Hébreux pour s'en convaincre. Prenons un exemple simple, celui de la vengeance. Par nature, l'homme cherche à infliger à autrui un mal supérieur à celui qui lui a été fait: «S'il faut tuer sept hommes pour venger Caïn, on en tuera soixante-dix-sept pour que je sois vengé» (Lémek, Gn 4:24). Mais dans les lois données à Moïse, Dieu limite la vengeance au coup pour coup: «œil pour œil, dent pour dent, main pour main, pied pour pied, blessure pour blessure» (Ex 21:24-25). Dans le Sermon sur la Montagne, Jésus limite encore davantage la vengeance et fait précéder son interprétation de la solennelle mise en garde six fois répétée: «Mais moi je vous dis ...» Il interprète Ex 21:24-25 à la lumière de Dt 32:35 et interdit toute vengeance: «Mais moi je vous dis de ne pas vous venger de celui qui vous fait du mal. Si quelqu'un te gifle sur la joue droite, laisse-le aussi te gifler sur la joue gauche» (Mt 5:39).

I. *Nulle part la Bible n'approuve le péché, même si elle ne le stigmatise pas chaque fois qu'elle en parle.*

J. *Il ne faut jamais aller au-delà de ce qui est écrit*: «Il convient de rester dans les limites fixées par ce qui est écrit» (1 Co 4:6).

K. *Lorsque la Bible se prononce sur un sujet, son avis l'emporte sur tout autre*:«Prenez garde que personne ne vous séduise par les arguments trompeurs et vides de la sagesse humaine: elle se fonde sur les enseignements transmis par les hommes, sur les forces spirituelles du monde, et non sur le Christ» (Col 2:8).

L. *Il faut parfois puiser dans les finesses du texte*, notamment dans les détails grammaticaux et sémantiques. Paul excelle dans cet art pour interpréter Gn 22:18(Ga3:16).

M. *Il existe des traductions littérales* (*Segond, Bible à la Colombe, TOB*) et d'autres qui le sont moins (*Bible en français courant, Le Livre*). En cas de doute sur un mot ou sur une expression, il faut se reporter au texte original (hébreu pour l'Ancien Testament et grec pour le Nouveau). Le sens fondamental d'un mot rare ou particulier peut aussi se déduire d'autres contextes plus explicites où il est employé. La plupart des traductions françaises de la Bible répondent à des objectifs précis: la version *Darby* sacrifie l'élégance au profit du mot à mot; la *Bible en français courant* a délibérément limité son vocabulaire aux seuls mots et expressions que l'homme de la rue peut comprendre; les autres allient qualité littéraire et fidélité textuelle. Il vaut mieux éviter les Bibles dans lesquelles le ou les traducteurs ont ajouté leur interprétation personnelle (*Scofield*). Il faut enfin catégoriquement rejeter les traductions malhonnêtes proposées par des sectes pour justifier leurs doctrines (*Traduction du monde nouveau* des Témoins de Jéhovah).

N. *Certaines affirmations apparemment contradictoires sont en fait complémentaires.* Voyez à ce sujet ce que nous avons dit du rapport entre la foi et les oeuvres selon Paul et selon Jacques.

III. Pourquoi lire la Bible?

Il est de la volonté de Dieu que la lecture de la Bible soit, comme le manger et le boire, une activité quotidienne: «Dès qu'il m'arrivait une parole de toi, je la dévorais» (Jé 15:16a). La Bible elle-même donne plusieurs raisons pour nous stimuler à sa lecture. La lecture est importante parce que:

A. elle révèle Dieu: sa grandeur (Ps 19), son amour (1 Jn 4:16), sa miséricorde (Nb 14:18), sa fidélité (Ps 25:10), sa véracité (Nb 23:19).

B. elle conduit à la foi: «Ainsi, la foi vient de ce qu'on écoute le message et le message est l'annonce de la parole du Christ» (Rm 10:17).

C. elle fait grandir la foi: «Désirez sans cesse le lait spirituel et pur, afin qu'en le buvant vous grandissiez et soyez sauvés» (1 P 2:2).

D. elle communique l'assurance du salut: «Je vous ai écrit cela afin que vous sachiez que vous avez la vie éternelle, vous qui croyez au nom du Fils de Dieu» (1 Jn 5:13).

E. elle révèle la saine doctrine: «Il doit être fermement attaché au message sûr, qui est conforme à la doctrine. Ainsi, il sera capable d'encourager les autres au moyen du véritable enseignement et aussi de démontrer leur erreur à ceux qui s'y opposent» (Tt 1:9). La Bible corrige utilement notre façon de penser et de vivre. En revanche, l'adepte d'une secte se sert de la Bible comme d'un carquois rempli de flèches qu'il pourra décocher contre ses adversaires ou comme d'un manuel dans lequel il puisera les textes venant à l'appui des idées qui lui ont été enseignées.

F. elle guide les pas: «Ta Parole est une lampe devant mes pieds, une lumière qui éclaire ma route» (Ps 119:105).

G. elle met en lumière les priorités: «Préoccupez-vous d'abord du royaume de Dieu et de la vie juste qu'il demande, et Dieu vous accordera aussi tout le reste» (Mt 6:33).

H. elle inspire l'éducation des enfants: «Vous imprimerez dans votre cœur et dans votre âme les commandements que je vous donne ... Vous les enseignerez à vos enfants ...» (Dt 11:18-19).

I. elle dicte la bonne attitude à l'égard des autres: «Aime ton prochain comme toi-même» (Mt 19:19); «... que chacun considère les autres comme supérieurs à lui-même» (Ph 2:3); «... aimez vos ennemis, faites du bien à ceux qui vous haïssent, bénissez ceux qui vous maudissent et priez pour ceux qui vous maltraitent» (Mt 5:44).

J. elle réjouit et rafraîchit: «C'est par elle que tu me fais vivre» (Ps 119:93b); «... elle causait ma joie et me mettait le cœur en fête» (Jé 15:16).

K. elle console dans les situations difficiles: «Me voilà par terre, dans la poussière; rends-moi la vie, comme tu l'as promis» (Ps 119:25).

L. elle réconforte dans la détresse: «Et quand tu seras dans la détresse, appelle-moi, je te délivrerai» (Ps 50:15).

M. elle préserve de l'erreur: «Par tes ordonnances je deviens intelligent» (Ps 119:104). Jésus attribue les égarements des hommes à leur ignorance des Ecritures: «Vous vous trompez parce que vous ne connaissez ni les Ecritures ni la puissance de Dieu» (Mt 22:29).

N. elle garde du péché: «Je serre ta Parole dans mon cœur,afin de ne pas pécher contre toi» (Ps 119:11).

O. elle met en lumière le péché: «Toute Ecriture est inspirée de Dieu et utile pour enseigner la vérité, réfuter l'erreur, corriger les fautes et former à une juste manière de vivre» (2 Tm 3:16).

P. elle donne un sens à l'Histoire: «Dans ce livre sont présentés les événements que Jésus-Christ a révélés ... pour montrer à ses serviteurs ce qui doit arriver bientôt» (Ap 1:1).

Q. elle constitue une base solide à de nombreux travaux scientifiques. Ses affirmations sont particulièrement indispensables dans des domaines scientifiques qui touchent à l'origine du monde (cosmologie, géologie, biologie) ou à l'homme lui-même (psychologie, médecine).

R. elle fait connaître la volonté de Dieu: «Vous pourrez alors comprendre ce que Dieu veut ...» (Rm 12:2). La volonté de Dieu ne se limite pas au Décalogue (Ex 20:1-17); elle s'exprime clairement en de nombreux passages de l'Ecriture (1 Th 4:3; 5:18; 1 P 2:15; Hé 10:36; 13:21).

S. elle purifie les pensées: «L'enseignement que je vous ai donné vous a déjà rendus purs» (Jn 15:3).

T. elle indique comment bien mener sa vie: «La crainte du Seigneur est le commencement de la sagesse; tous ceux qui l'observent ont une raison saine» (Ps 111:10).

IV. Comment lire la Bible?

A. Il faut lire la Bible dans une *attitude de prière*. *Luther* a donné ce sage conseil: «Quand tu lis la Bible, ne pose pas ton doigt sur le texte, mais joins tes mains en signe de recueillement pour suivre ses traces.»

1. *Prie que Dieu t'aide à comprendre*: «Ouvre mes yeux pour que je voie bien les merveilles de ta loi» (Ps 119:18).

2. *Remercie Dieu et adore-le*: «Que mes lèvres proclament ta louange, car tu m'enseignes ta volonté» (Ps 119:171).

3. *Lis avec la joie de celui qui a reçu un grand cadeau*: «Je me réjouis de ton message, comme d'un grand trésor que j'aurais trouvé» (Ps 119:162).

B. Il faut lire la Bible dans une *attitude d'attente et d'espoir*: «Je bois avidement tes paroles, car j'ai la passion de tes commandements» (Ps 119:131).

C. Il faut lire la Bible *spirituellement*: «... nous servons dans un esprit nouveau et non selon la lettre qui a vieilli» (Rm

7:6). L'Ecriture nous met en garde contre le danger d'une foi rigide et morte qui s'attache à la lettre du texte au détriment de son esprit (Mt 23: 23, 33): «C'est Dieu qui nous a rendus capables d'être serviteurs de la nouvelle alliance, qui ne dépend pas d'une loi écrite mais de l'Esprit Saint. La loi écrite fait mourir, mais l'Esprit donne la vie» (2 Co 3:6).

D. Il faut lire la Bible dans une *attitude d'humilité*. Les pensées de Dieu surpassent infiniment notre intelligence; aussi, même lorsque nous ne comprenons pas, nous ne devons pas douter. L'humilité est de rigueur car: «Ce que je pense, dit le Seigneur, n'a rien de commun avec ce que vous pensez, et vos façons d'agir n'ont rien de commun avec les miennes» (Es 55:8).

E. Il faut lire la Bible dans une *attitude d'amour*: «Ah, combien j'aime ta loi!» (Ps 119:97).

F. Il faut lire la Bible dans une *attitude de confiance*: «...mais puisque tu me dis de le faire, je jetterai les filets» (Lc 5:5).

G. Il faut considérer la Bible comme une lettre personnelle de Dieu pour nous. «L'Ecriture est une lettre que mon Dieu m'a adressée, d'après laquelle je dois me diriger, d'après laquelle mon Dieu me conduira» *(Bengel)*.

H. Il faut *s'imprégner* de la Bible: «Que la parole du Christ, avec toute sa richesse, habite en vous. Instruisez-vous et avertissez-vous les uns les autres avec une pleine sagesse. Chantez à Dieu de tout votre cœur et avec reconnaissance, des psaumes, des hymnes et des cantiques inspirés par l'Esprit» (Col 3:16).

V. Dix promesses pour celui qui lit la Bible et la met en pratique

A. Il appartient à Dieu: «Celui qui est de Dieu écoute les paroles de Dieu» (Jn 8:47).

B. Il possède la paix: «Il y a beaucoup de paix pour ceux qui aiment ta loi» (Ps 119:165).

C. Il possède la joie: «Je vous ai dit cela afin que ma joie soit en vous et que votre joie soit complète» (Jn 15:11).

D. Il est heureux: «Heureux ceux qui obéissent aux paroles prophétiques de ce livre!» (Ap 22:7).

E. Il s'épanouit: «Ce qu'il aime ... c'est l'enseignement du Seigneur ... On dirait un arbre planté près d'un cours d'eau: il produit ses fruits quand la saison est venue, et son feuillage ne perd jamais sa fraîcheur. Tout ce que fait cet homme est réussi» (Ps 1:3).

F. Il réussit: «Répète sans cesse les enseignements du livre de la loi et médite-les jour et nuit, de façon à observer tout ce qui y est écrit. Alors tu mèneras à bien tes projets et ils réussiront» (Jos 1:8).

G. Il est exaucé: «Si vous demeurez en moi et que mes paroles demeurent en vous, demandez ce que vous voulez et vous l'aurez» (Jn 15:7).

H. Il est purifié dans ses pensées: «L'enseignement que je vous ai donné vous a déjà rendus purs» (Jn 15:3).

I. Il est conduit sur le chemin de la félicité: «... tu connais les Saintes Ecritures; elles peuvent te donner la sagesse qui conduit au salut par la foi en Jésus-Christ» (2 Tm 3:15).

J. Il possède la vie éternelle: «Celui qui écoute mes paroles et croit en celui qui m'a envoyé a la vie éternelle. Il ne sera pas condamné, mais il est déjà passé de la mort à la vie» (Jn 5:24).

Lettre d'un lecteur

Vendredi soir, vers 19 heures 30, juillet 1987. Je me dirige vers la zone commerciale, Marienplatz, moi habitant de Düsseldorf à Munich. Devant un magasin de mode, quelqu'un me tend un tract. C'est une invitation intitulée: «Pourquoi y a-t-il des étoiles?» Un professeur va traiter ce sujet dans quelques minutes dans le magasin *Mühlhaüser*. «Thème intéressant, me dis-je. Mais le conférencier n'en sait pas plus que moi sur cette question. Je vais aller l'écouter.»

Cher Monsieur Gitt,

Aujourd'hui, je le sais, ce fut le déclic! Je me souviens bien que quelques personnes glanées dans les rues, sont venues, comme moi, écouter votre conférence et ont contesté vos affirmations. Je me rappelle que le soir, je me suis dit: «Que veulent-ils donc? Ne voient-ils pas que cet homme dit la vérité? Peut-on être aveugle à ce point! Il a parfaitement raison!»

Jusqu'alors, je ne voulais rien savoir de la foi, de l'église ou de choses semblables. Pour moi, Jésus était un homme comme tous les autres. Mais votre exposé m'a conduit à la plus importante décision de ma vie. Votre conférence, le dernier jour, m'a amené à Jésus-Christ. C'est vous, cher Monsieur Gitt, qui avez été l'instrument de Dieu dans ma conversion. Aujourd'hui, dix ans plus tard, je tiens encore à vous en remercier.

J'avais alors vingt-neuf ans. Neuf mois plus tard, j'ai été baptisé dans l'église baptiste de Düsseldorf. Pourtant, les temps qui suivirent ne furent pas heureux pour moi. Je n'étais pas un enfant qui procurait de la joie à Dieu. Au contraire, je m'éloignais de lui, j'était pris dans les pièges du monde et vivais contrairement aux enseignements de la Parole de Dieu.

Aujourd'hui, je le sais, c'est par grâce que le Seigneur Jésus m'a protégé et m'a ramené sur le bon chemin. Je tiens à vous dire que cela s'est produit grâce à votre aide.

Sans but précis, ma femme et moi passions quelques jours en Hollande. Nous avions atterri sur la côte, à Noordwijk. Comme ce n'était pas encore la pleine saison touristique, nous n'avons eu aucune peine à trouver une location. Nous avons choisi une pension de famille parmi les nombreuses qui jalonnaient la route, et nous sommes montés dans notre chambre. Un livre et la revue «ethos» étaient posés sur la table à l'intention des pensionnaires. J'ouvris le livre et lus la première phrase de la préface:

«Idée du livre: l'idée de ce livre est venue pendant une série de réunions d'évangélisation que l'auteur avait tenue dans le magasin *Mühlhaüser,* de Munich. Le gérant du magasin *Harro Mühlhaüser* avait présenté…»

Tilt! Vous vous rendez compte! Pouvez-vous vous imaginer ce qui s'est tramé dans mon esprit? Non, certainement pas! Voilà que par la page imprimée, l'homme qui m'avait conduit au Seigneur Jésus-Christ, me parlait à nouveau! Et avec quel a propos! Les réponses que je trouvais dans ce livre «Questions» correspondaient à mon besoin précis à ce moment-là.

Cela s'est passé en 1993. Aujourd'hui, dix ans après votre exposé dans le magasin de Munich, j'ai trente-neuf ans, je suis marié à Christine et nous avons trois enfants âgés respectivement de quatre ans, deux ans et à peine un an. Il y a dix ans, ma vie n'avait aucun sens. Je n'avais aucune réelle perspective d'avenir. Aujourd'hui, j'en ai une. Et quelle perspective! Ma vie a un sens. Par la foi en notre commun Seigneur Jésus, je suis devenu un enfant du Dieu vivant. Je place ma confiance dans la Parole de Dieu, je suis solidement ancré dans la foi et j'ai trouvé ma place dans une assemblée chrétienne. Bref, j'ai trouvé le chemin, la vérité et la vie.

Cher Monsieur Gitt, merci de tout cœur!

Dietmar Schmidt

Grevenbroich, le 24 juillet 1997.

Témoignage personnel de l'auteur

Dans les lignes qui suivent, je vais retracer mon itinéraire et dire comment Dieu m'a trouvé par Jésus-Christ. Je me limiterai à quelques grandes étapes de ma vie pour montrer comment Dieu a agi dans ma vie, comment il m'a appelé, conduit et béni.

1. Enfance et adolescence: Je suis né le 22 février 1937 dans la ferme de mes ancêtres à Raineck, près d'Ebenrode, un petit village situé au nord de la Prusse-Orientale. Jusqu'à la fuite, j'ai vécu une enfance heureuse et sans souci dans un cadre rural. J'avais sept ans et venais d'entrer en deuxième classe de l'école communale, lorsqu'en octobre 1944 nous avons dû fuir Raineck pour trouver refuge à Peterswalde, dans la partie sud de la Prusse-Orientale. En janvier 1945 nous parvint - malheureusement trop tard - la nouvelle de l'entrée de l'Armée Rouge. Un vent de panique souffla sur nous tous. Sauve qui peut! Comme j'avais de la fièvre, on me transporta dans mon lit de la chambre directement sur un chariot. En toute hâte se forma un convoi de charrettes tirées par des chevaux. Hélas, il fut bientôt arrêté par les russes. Mon frère Fritz, alors âgé de 15 ans, fut emmené. Il ne revint jamais. Ma mère (*Emma Gitt, née Girod*) fut à son tour déportée en Ukraine où elle mourut peu après son arrivée dans les bras d'une autre déportée. Ce témoin revint à Schwerin quelques années plus tard et me communiqua les dernières paroles de ma mère: «Qu'adviendra-t-il de notre petit Werner?». En novembre 1945, j'ai connu l'expulsion hors de notre pays natal en compagnie de deux tantes, de ma cousine Rena et de mon grand-père, qui mourut après avoir passé une nuit glaciale dehors, peu avant que nous soyons acheminés vers Osterode, en Prusse-Orientale, dans des wagons à bestiaux. Le voyage dura 10 jours.

Après une halte à Sanitz, près de Rostock, nous sommes finalement arrivés à Wyk-sur-Föhr, une île de la mer du Nord.

Mon père était prisonnier de guerre en France et ignorait tout du sort tragique de sa famille. Il ne pouvait même pas se servir du papier à lettres qui était distribué une fois par mois, car, contrairement à tous ses camarades d'infortune, toute sa famille venait de Prusse-Orientale. Il ne savait pas où les membres de la famille s'étaient réfugiés. Une nuit, mon père fit un rêve étrange. Dans son rêve, il rencontrait un parent éloigné qui vivait en Rhénanie bien avant la guerre déjà. Au moment où, après l'entretien qui faisait suite à une si longue séparation, les deux amis allaient se séparer, l'autre dit à mon père: «Hermann, viens donc me rendre visite!» Toujours dans le rêve, mon père lui répondit: «Mais où demeures-tu? Je n'ai pas ton adresse.» Le parent lui dit calmement: «Bochum, 134a, rue Dorstener.» Sur ce, mon père se réveilla, alluma la lumière et s'empressa de noter cette adresse. Il raconta son rêve étrange aux camarades qui s'étaient réveillés entre-temps. Ils se moquèrent de lui. Mais mon père ne se laissa pas démonter et leur déclara sa ferme intention d'écrire à cette adresse. La lettre arriva à son destinataire: un oncle éloigné qui mit mon père en contact avec ma tante Lina et avec moi à Wyk-sur-Föhr. La nouvelle que mon père était en vie me remplit de joie. J'eus d'abord beaucoup de peine à me persuader que je n'étais plus orphelin de père et de mère, et que j'avais encore un père. Mon père revint de captivité en 1947 et me retrouva comme seul survivant de la famille. Il se mit aussitôt à chercher du travail; c'est ainsi que nous sommes arrivés tous les deux dans une ferme de Saasse, petit village des environs de Lüchow dans le Wendland.

Aussi curieux que cela puisse paraître, compte tenu des temps dans lesquels nous vivions, les enfants du village m'invitèrent à participer avec eux à un club d'enfants. Je n'avais aucune idée de ce que cela pouvait être. J'imaginais que quelqu'un raconterait des histoires ou des légendes. Je ne me fis pas prier et me rendis dans l'unique pièce qu'occupait une soeur de paroisse. Chaque dimanche matin, Soeur Erna racontait une histoire biblique avec beaucoup d'enthousiasme. Puis elle priait et nous apprenait beaucoup de chants joyeux. Dès la première heure, je compris que les histoires que Soeur Erna nous racontait n'avaient rien à voir avec des fables. Ses paroles m'allaient droit au coeur. Conquis d'emblée, je fréquentai assidûment ce club.

L'année suivante, mon père se remaria; je dus habiter chez sa femme, dans le village voisin de Jeetzel, pendant que mon père allait travailler dans les fermes de villages éloignés. Ma belle-mère me témoignait beaucoup d'affection, bien qu'elle dût travailler péniblement comme couturière à domicile chez les paysans pour un salaire de misère, mais elle était nourrie. C'était une catholique pratiquante, mais elle ne fit jamais pression, pendant tout ce temps où j'étais influençable, pour me faire changer de religion, ce dont je lui suis reconnaissant encore aujourd'hui. Je continuais à fréquenter régulièrement le club d'enfants, par n'importe quel temps. Par sa fidélité, Soeur Erna a semé dans mon coeur d'enfant les premières graines de la Parole de Dieu, et cette semence n'allait pas tarder à germer. En 1950, mon père trouva du travail dans une usine et nous avons déménagé à Hohenlimburg, en Westphalie. Il n'y avait pas de communauté chrétienne fidèle dans cette ville; au contraire, le catéchisme que je suivis, tout orienté sur la critique destructrice des vérités bibliques, me fit souvent pousser ce soupir: «C'est dommage que les histoires bibliques ne soient pas aussi vraies que celles racontées par Soeur Erna!» Pourtant, la petite flamme que cette chrétienne avait allumée n'était pas éteinte, l'aspiration à la vérité n'était pas étouffée. Même le fait d'aller à l'église ne me fit pas progresser dans ma quête de Dieu, car les sermons qu'on y entendait n'impliquaient aucun engagement et par conséquent, n'appelaient aucune réponse décisive.

2. Ma rencontre avec Dieu: Après avoir terminé mes études à Hanovre et à Aix-la-Chapelle, je fus engagé en 1971 à l'Institut National de Physique de Braunschweig en tant que responsable du département du traitement de l'information. S'il faut décrire ma situation d'alors, je dirais que sur le plan professionnel, j'avais connu une belle réussite. J'avais obtenu mes deux diplômes dans deux spécialités différentes avec la note «très bien»» presque sans effort, et je réussis mon doctorat avec mention, en recevant en même temps la médaille «Borchers» de l'Université Technique d'Aix-la-Chapelle. On me confia immédiatement un poste de responsabilité dans la recherche. Marié en 1966, nous formions un couple sans histoire et étions heureux avec nos deux enfants. Nous n'avions aucun problème conjugal ou familial, pas d'ennuis de santé, pas de soucis d'argent. Plusieurs penseront sans doute que nanti de tous ces bonheurs, je n'avais pas besoin de Dieu. Je souligne cet aspect, car j'ai souvent entendu le témoignage de personnes qui se sont intéressées à l'évangile à la suite d'épreuves personnelles. Ce ne fut pas mon cas. Les voies de Dieu sont aussi différentes qu'il y a d'individus sur cette terre.

A l'automne 1972, deux campagnes d'évangélisation successives, de type différent, eurent lieu à Braunschweig; ma femme et moi avons assisté fidèlement à toutes les réunions. Il y eut d'abord un petit groupe chrétien qui évangélisa dans une salle du cours complémentaire proche de notre appartement. La méthode employée était simple: chaque visiteur recevait à l'entrée une Bible et un crayon rouge. Le responsable sollicitait l'active participation des auditeurs; il leur faisait lire et souligner les passages importants de la Bible. A la fin de cette semaine d'évangélisation originale mais efficace, nous eûmes le droit de garder les Bibles. Ma femme et moi avions ainsi chacun la même Bible; lors de notre lecture biblique, nous tombions souvent sur des passages déjà soulignés qui nous devenaient ainsi familiers. L'autre campagne d'évangélisation fut organisée peu après la première. Tous les jours, 2000 personnes se pressèrent dans la salle des fêtes. Les messages étaient bien ciblés; les évangélistes cherchaient visiblement à provoquer des décisions dans l'auditoire. Chaque soir, ils lançaient un appel pressant à se tourner vers Jésus-Christ et à croire en lui. Après la prédication de *Leo Janz* sur Luc 17:33-36 vint le moment de la décision: il fallait choisir entre le salut et la perdition. La lumière se fit dans mon esprit, et lorsque l'orateur invita les personnes désireuses de se convertir à s'avancer vers l'estrade, je surmontai mon appréhension et ma crainte et me dirigeai vers le devant de la salle. Ma femme m'accompagna. Nous eûmes chacun encore un entretien avec un conseiller différent; leurs paroles et leurs prières furent très utiles pour nous communiquer l'assurance du salut.

Curieusement, les deux personnes qui nous avaient aidés appartenaient au même groupe, auquel nous n'avons d'ailleurs pas tardé à nous joindre. Certains soirs, le pasteur *Heinrich Kemner* prêchait dans l'église St Martin bondée. Je me souviens encore très bien de son sermon sur la source du temple, d'après Ezéchiel 47. Son message fit sur moi une impression si forte que je voulus en savoir davantage sur cet homme, en particulier d'où il venait, car j'avais hâte de l'entendre à nouveau. Dans ce but, je me rendis à Krelingen, un village idyllique situé dans les landes, près de Walsrode. Les journées passées au camp de jeunes sous le grand chêne de Krelingen et celles vécues lors d'une mission de réveil eurent un impact décisif sur le développement de ma foi. Les livres du pasteur Kemner contribuèrent aussi et de façon sensible à mes progrès spirituels.

Tous ces événements m'encouragèrent à étudier sérieusement la Bible par moi-même et gravèrent profondément en moi la conviction que la Bible est la Parole de Dieu et qu'elle est marquée du sceau de la vérité. J'adhère de toute ma force à ce principe applicable à toute question de vie pratique et de doctrine. Cette confiance toute simple en la Parole de Dieu, que j'avais éprouvée au club d'enfants de mes premières années, n'était pas seulement revenue, elle s'était aussi consolidée et enracinée au point que je brûlais du désir de la partager autour de moi. En plus du témoignage personnel, je commençais aussi à prendre une part active dans les réunions d'étude biblique de notre église. J'ai rapidement compris la nécessité de faire partie d'une église fidèle et le devoir de s'engager personnellement dans la vie communautaire, si l'on veut vraiment grandir en Christ.

J'ai reconnu publiquement Jésus comme le Christ, le Fils de Dieu, mon Sauveur personnel. Bien que Dieu de toute éternité, Jésus-Christ est venu du Père, s'est fait homme pour nous racheter selon un plan qu'aucune intelligence humaine ne peut concevoir. Le Nouveau Testament nous révèle qu'en Jésus, Dieu a créé l'univers, la terre et la vie qu'elle renferme: «Dieu a fait toutes choses par lui; rien de ce qui existe n'a été fait sans lui» (Jn 1:3). Il est non seulement l'auteur de tout, il en est également le but (Col 1:16).

Pour moi, le fait que le créateur de toutes choses et l'homme qui meurt sur une croix soient une seule et même personne est une des réalités les plus exaltantes qui soient. Qu'est-ce qui a bien pu pousser le Seigneur des seigneurs et Roi des rois à gravir la croix pour moi? Ma raison ne peut le comprendre, mais Dieu me le dit dans Jn 3:16: son amour illimité a tout accompli pour que je n'aille pas dans le lieu de perdition éternelle.

3. Bible et science: J'ai toujours été fasciné par un aspect de l'Ecriture: le lien qu'il peut y avoir entre les affirmations bibliques et les explications fournies par les sciences de la nature, notamment à propos de la création. J'avais remarqué que cette question était la vraie pierre d'achoppement pour la foi des intellectuels de notre temps. Si la théorie évolutionniste est vraie, le récit biblique de la création ne l'est pas. Mais si le récit inspiré relate la vérité historique, alors la thèse évolutionniste est l'erreur la plus grave et la plus dévastatrice de toute l'histoire du monde. Pour juger la théorie évolutionniste, je me suis penché sur un domaine que je connais bien, celui de l'informatique. Le modèle évolutionniste est faux, non pas sur quelques détails seulement, mais dans son principe fondamental. Un point essentiel de la vie se trouve dans l'information que contient la cellule; mais l'information n'est pas un phénomène matériel; elle appartient au domaine de l'esprit et résulte d'un acte intelligent et volontaire. Une nouvelle information ne peut donc provenir que d'un nouveau processus créationnel de la pensée, et non par sélection ou mutation. C'est ce qu'exprime la Bible sous différentes formes, par exemple: «Par sa sagesse le Seigneur a formé la terre, il a créé le ciel par son intelligence» (Pr 3:19).

4. Au service de Jésus: En 1976, nous avons passé nos vacances avec une famille amie sur une île de la mer du Nord; lors de nos discussions, nous avons souvent abordé la question de la création. L'ami me proposa d'exposer mon point de vue dans son église. En 1977, je tins donc ma première conférence publique. En dehors du bouche à oreille, aucune publicité n'avait été faite; pourtant, je fus surpris par le nombre de personnes présentes, dont beaucoup étaient extérieures à l'église. De toute évidence, le sujet passionnait. D'autres conférences suivirent. Au fil des ans, la demande devint telle que je ne fus plus en mesure de les satisfaire toutes.

Un jour, après avoir lu dans une revue chrétienne un article dans lequel l'auteur mêlait les idées évolutionnistes au récit biblique de la création, je pris la décision d'écrire un article de conception foncièrement biblique, et de le soumettre à la revue. Mon article fut refusé parce que la rédaction partageait «un point de vue théologique différent du mien». Avec le concours d'un co-auteur, je révisai mon article qui parut sous forme de petit brochure en mai 1977; 3000 exemplaires furent tirés. Peu après, un éditeur nous demanda d'étoffer notre premier texte pour pouvoir le présenter au public sous la forme d'un livre de poche.

Une nouvelle perspective s'ouvrit grâce à la collaboration avec l'association «Wort und Wissen» («Bible et science»). Depuis 1981, je fais partie des instances dirigeantes de ce mouvement qui s'est fixé comme objectif de répandre la Parole de Dieu en particulier dans les milieux scientifiques et de promouvoir des sciences qui respectent les données bibliques. Les thèses évolutionnistes ont influencé différents domaines de la pensée et des sciences de la nature, au point qu'il est souvent difficile à des intellectuels de retrouver le chemin de la Bible. Il est donc indispensable de leur venir en aide. On constate en plusieurs endroits un retour à la Bible. Des explications qui s'appuient sur le récit biblique de la création rendent souvent mieux compte de la réalité des faits que l'hypothèse évolutionniste. Ce travail contribue à faire connaître la Parole de Dieu comme un fondement solide et parfaitement fiable dans toutes ses affirmations, même scientifiques. Par le moyen de livres, de séminaires et de conférences, cette association s'adresse aux lycéens, aux étudiants, aux intellectuels, et aux églises pour faire connaître son point de vue. En regardant en arrière, je suis surpris de constater comment on devient auteur sans l'avoir voulu ni imaginé. Quand je songe à la manière dont Dieu a conduit ma vie, je ne peux m'empêcher de penser à une réflexion de *Heinrich Kemner*: «Nous ne poussons pas, nous sommes poussés.» Quand Dieu fraie un chemin, nous devons nous y engager, car c'est le seul sur lequel ilbénit.

En 1980 parut mon deuxième livre de poche «Logos oder Chaos» (Logos ou chaos» qui, comme je l'appris par le courrier abondant qu'il me valut, aida de nombreuses personnes à renoncer à la théorie évolutionniste pour adopter les vues créationnistes. La demande de textes écrits faisant suite à mes conférences ne faiblit pas, si bien qu'à côté de mon activité de conférencier, j'ai commencé à écrire des ouvrages. Si on m'avait dit dans mon enfance qu'un jour j'écrirais des livres, je ne l'aurais jamais imaginé. Pendant mes années scolaires, j'avais beaucoup de mal à faire des rédactions! Je préférais résoudre dix problèmes de mathématiques que de faire une seule composition!

Au fil des ans, j'ai noté les questions qui revenaient sans cesse à la suite de mes conférences, puis je les ai mises en forme pour y répondre dans des ouvrages. Dans «So steht's geschrieben» (1985), j'ai montré qu'on pouvait faire confiance à la Bible dans tous les domaines. Dans «Das biblische Zeugnis der Schöpfung» (1983), je souligne que toutes les affirmations bibliques en matière de création résistent à la critique scientifique moderne. Sous une forme plus conviviale et facile à comprendre, le livre «Si les animaux avaient la parole» (1990), j'aborde à nouveau la question de la création. Je le fais en soulignant des détails très parlants du règne animal, des détails qui suscitent non seulement l'étonnement, mais incitent à la foi. Dans le livre «Und die anderen Religionen?» (1991), je traite sous l'angle biblique la question de savoir si les autres religions peuvent conduire au salut. Ce livre qui présente aussi la solution biblique du salut convient bien pour l'évangélisation. On me dit souvent que les lecteurs sont en manque d'ouvrages qui associent les faits scientifiques avec le message de la Bible. C'est sur cet aspect que se concentrent mes ouvrages. Les livres de poche «Signale aus dem All - Wozu gibt es Sterne?» (1993), «Am Anfang war die Information» (1994) et «Faszination Mensch» (1996) vont dans ce sens.

Tous ces livres partent du principe que l'on peut faire confiance aux déclarations scientifiques de la Bible, mais cherchent également à éveiller la foi en Jésus-Christ.

En 1990, j'ai découvert une toute nouvelle activité, à la suite d'un appel téléphonique d'une personne inconnue. Le correspondant me déclara être né en Union soviétique et avoir étudié là-bas. Il est Allemand et maîtrise parfaitement la langue russe parlée et écrite. Son fardeau était le suivant: «J'ai lu quelques-uns de vos livres. Que diriez-vous d'organiser des tournées dans l'ancienne Union soviétique pour y faire des conférences? Je me chargerai de la traduction en russe.» Je lui demandai un temps de réflexion. Lorsqu'il me rappela quelque temps plus tard, je donnai mon accord. C'est ainsi que je partis pour Moscou en mai 1991 et restai dix jours dans cette ville. J'eus l'occasion de prendre la parole en différents endroits (lycées, écoles professionnelles, hôpitaux, usine et même une caserne) pour y annoncer l'évangile. Dieu ouvrit le cœur de plusieurs auditeurs à ce que je dis, et quelques personnes prirent l'engagement personnel d'accepter le Seigneur Jésus. Qui est cet homme avec qui Dieu me mit en contact de façon si providentielle? Il s'agit du Dr Harry Tröster qui travaille au département développement de l'usine Mercédes-Benz. Depuis, nous avons organisé une tournée chaque année. Notre itinéraire nous a conduit une deuxième fois à Moscou, mais aussi au Kazakhstan, en Kirghizie et dans la partie russe de la Prusse du nord. Nous n'entreprenons jamais seuls ces déplacement dans les pays de l'est; nous nous faisons accompagner d'une équipe bien rodée. C'est chaque fois l'occasion de transporter beaucoup de littérature évangélique qui étaient autrefois acheminée par camion. Bien sûr nous ne négligeons jamais d'emporter des Nouveaux Testaments et des Bibles pour enfants.

1991 restera gravé dans ma mémoire puisque j'ai eu

l'occasion d'annoncer l'évangile pendant 9 jours dans la grande salle des fêtes de Braunschweig. A l'endroit précis où j'avais pris moi-même une décision en 1972, j'ai pu appeler d'autres personnes à suivre Jésus-Christ par des messages d'évangélisation. De plus en plus, j'ai l'occasion de tenir sujet de la foi et la réflexion, et ceci en Allemagne et à l'étranger. C'est en 1977 lors d'une prédication de *Paul Meyer* sur le jeune homme riche que pour la première fois j'avais senti l'appel à m'engager dans ce travail. Durant l'été 1978, j'avais fait mes premiers pas en tant qu'évangéliste à l'occasion d'une mission sous tente à Nienhagen, près de Celle. Curieusement, cette même année j'ai été nommé directeur et professeur. Ne serait-ce qu'un effet du hasard? Pour moi, c'est la confirmation vivante de la parole de Jésus: ‹Préoccupez-vous d'abord du royaume de Dieu et de la vie juste qu'il demande, et Dieu vous accordera aussi tout le reste› (Mt 6:33).

Table des livres de la Bible et des abréviations qui les désignent

Ancien Testament

Gn	Genèse
Ex	Exode
Lv	Lévitique
Nb	Nombres
Dt	Deutéronome
Jos	Josué
Jg	Juges
Ru	Ruth
1 S	1 Samuel
2 S	2 Samuel
1 R	1 Rois
2 R	2 Rois
1 Ch	1 Chroniques
2 Ch	2 Chroniques
Esd	Esdras
Né	Néhémie
Est	Esther
Jb	Job
Ps	Psaumes
Pr	Proverbes
Ec	Ecclésiaste
CdC	Cantique des Cantiques
Es	Esaïe
Jé	Jérémie
Lm	Lamentations de Jérémie
Ez	Ezéchiel
Dn	Daniel